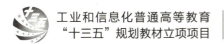工业和信息化普通高等教育
"十三五"规划教材立项项目

"十三五"职业教育
电子商务类规划教材

电子商务文案
——创意、策划、写作

宋俊骥 孔华 / 主编

Electronic Commerce
Copywriting

人民邮电出版社
北　京

图书在版编目（CIP）数据

电子商务文案：创意 策划 写作 / 宋俊骥，孔华
主编. -- 北京：人民邮电出版社，2018.8（2021.12重印）
"十三五"职业教育电子商务类规划教材
ISBN 978-7-115-47494-0

Ⅰ. ①电… Ⅱ. ①宋… ②孔… Ⅲ. ①电子商务－应
用文－写作－职业教育－教材 Ⅳ. ①F713.36②H152.3

中国版本图书馆CIP数据核字(2018)第146266号

内 容 提 要

　　本书共6章，分别为电子商务文案的基础认知、网店商品文案、微信文案、微博文案、软文基础知识与写作技巧以及优秀文案赏析。全书内容翔实，介绍了多种类型的电子商务文案的写作技巧，并通过优秀案例引入文案写作方法讲解，图文并茂，生动有趣。

　　本书在每章的开始列出学习要点，在正文中详细讲解电子商务文案的相关知识点，还在每章的最后设置了拓展阅读和习题与实训。学生通过学习本书的内容，能够较好地掌握电子商务文案的基本知识和写作方法。

　　本书既可以作为电子商务、市场营销等专业的教材，也可以作为社会培训机构的培训用书，或作为对电子商务文案感兴趣的人士的参考读物。

◆ 主　编　宋俊骥　孔　华
　　责任编辑　刘　琦
　　责任印制　焦志炜
◆ 人民邮电出版社出版发行　　北京市丰台区成寿寺路11号
　　邮编　100164　电子邮件　315@ptpress.com.cn
　　网址　http://www.ptpress.com.cn
　　北京鑫丰华彩印有限公司印刷
◆ 开本：700×1000　1/16
　　印张：10.5　　　　　　　　　2018年8月第1版
　　字数：184千字　　　　　　　2021年12月北京第9次印刷

定价：39.80元

读者服务热线：(010)81055256　印装质量热线：(010)81055316
反盗版热线：(010)81055315
广告经营许可证：京东市监广登字 20170147 号

本书编委会

主　编　宋俊骥　孔　华

参　编　漆礼根　丁旭光　刘　瑛　徐海龙

　　　　黄嘉婧　卢艳婷

在"互联网+"时代，电子商务作为一种新型的贸易方式，正在飞速发展并渗透到我们的生活中。受电子商务高速发展的影响，电子商务文案的作用日益凸显，电子商务行业对文案的需求也日益强烈。

正是因为这样，学校教学和企业培训都已经将电子商务文案人才的培养列入人才培养计划，并开设了"电子商务文案"课程。目前，不论学校教学还是企业培训都迫切需要一本知识体系完整、理论与实践相结合的文案写作教材，因此我们联合企业人员一起编写了本书。本书的特点如下。

1. 理论和实践相结合，采用"案例+知识+实操"的模式组织内容

采用"案例+知识+实操"的模式组织教学，可以明显提升教学效果，有利于增强学生对课程的学习兴趣。本书在编写过程中特别注重将电子商务文案的理论知识讲解与实际应用相结合，每一章都由经典案例引入，然后介绍文案的基础知识，最后通过习题与实训进行练习，以检验知识的学习效果。

2. 以不同平台的文案为主线组织教学内容

本书在调研电子商务文案岗位的工作任务和职业能力的基础上，依据电子商务文案课程标准，抛弃了以知识体系为线索的传统编写模式，采用了以不同平台的文案为主线、先理论后实践的编写模式。该模式注重以学生为主体，以培养职业能力为核心目标，以真实项目为载体，融"教、学、做、考"于一体，强调对电子商务文案写作能力的训练，紧紧围绕完成工作任务的需要来选取理论知识。

3. 校企合作编写，企业人员提供了丰富的案例和教学素材

本书由学校教师和企业人员合作编写，参与编写的学校教师都具有博士学位，教学经验丰富，主要负责编写理论部分；企业人员的实战经验丰富，主要参与编写案例和操作部分。

本书从电子商务文案的基础理论入手，让学生先对行业、职位、工作内容有一个大致的了解，然后再深入介绍不同电子商务平台文案的写作特点、写作方法等。本书理论和实操兼顾，不是专门针对某一个平台，而是介绍了多种电子商务平台的通识知识，学生通过学习本书，能够为学习电子商务专业的后续课程奠定基础。

本书由宋俊骥、孔华担任主编，江西外语外贸职业学院电子商务学院教师团队联合eBay、南昌友天腾科技有限公司共同编写。本书编写的分工如下：刘瑛负责编写第1章，漆礼根、卢艳婷负责编写第2章，丁旭光负责编写第3章，徐海龙负责编写第4章，黄嘉婧负责编写第5章，宋俊骥负责编写第6章，孔华负责全书的统稿。

目前，电子商务专业的相关理论尚未发展成熟，电子商务文案的理论与实践还有待发展和更新。相信随着电子商务产业的蓬勃发展，电子商务文案也将不断地发展变化。本书的内容和观点还有很多值得更新和完善之处。由于编者水平有限，书中的疏漏之处在所难免，望各位读者批评指正。

编者

2018年3月18日

目录
CONTENTS

Chapter

03　微信文案　59

06 Chapter 优秀文案赏析 135

01
Chapter

电子商务文案的基础认知

　　我们经常可以听到"文案"这个词语，那文案岗位到底是一份什么样的工作呢？文案工作者到底是做什么的呢？文案岗位是指在公司或企业中从事文字工作的职位，也就是用文字来表现已经制定的创意策略。文案多存在于公司广告、企业宣传和新闻策划等活动中。

要点提示
- 电子商务文案的发展
- 电子商务文案的作用
- 电子商务文案岗位概述
- 电子商务文案岗位能力要求
- 电子商务文案学习领域的要求与目标

做自己·Be Yourself

　　父母的期望总是厚重的，他们总希望自己的孩子少栽几个跟头、少走一点弯路，殊不知孩子们也有自己的想法，想要自己的世界。

　　"唯路时"JONAS&VERUS 是一个简约时装表品牌，品牌的目标定位是年轻人，因此该品牌"双11"活动广告文案就是针对年轻人敢闯、敢拼、勇于做自己的特点来进行创作的，如图 1-1 所示。

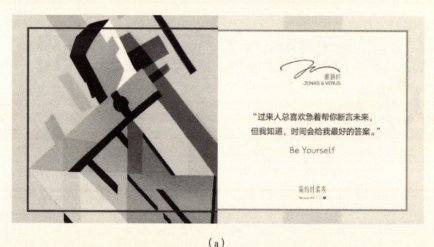

（a）

（b）

图1-1　唯路时"双11"活动广告文案

（c）

（d）

（e）

图1-1 唯路时"双11"活动广告文案（续）

"过来人总喜欢急着帮你断言未来，但我知道，时间会给我最好的答案。"

"踩着别人的脚印，永远也不会走出一条崭新的路吧。"

"年轻人的动人之处，就在于他不必活成你所期待的样子。"

"爸妈都希望我走一条更平坦的路，但谁又愿意，有一个被安排的人生呢。"

"每一代人，注定要去不同的地方，你说的成功，并不是我想要的那个成功。"

……

好的文案总能在第一时间引起读者的共鸣，在"唯路时"的电子商务文案里反映出年轻人对人生的如下追求：

我们不愿意活成别人的样子，不愿意被安排人生。

年轻人，就是要做自己！

随着电子商务市场的发展完善，电子商务文案（也简称电商文案）在商品销售、企业品牌传播等方面的作用越来越重要。想要成为一名合格的电商文案工作者，不仅要了解文案、精通文案的写作方法，还要先了解电子商务市场，以及电子商务环境中文案的相关知识，掌握电商文案岗位的要求和职业素养等。

本章将详细介绍这些知识，让读者全面了解和熟悉电子商务文案。

// 1.1 电商文案的基础知识

文案到底是什么？一定不是那凭空而来的所谓创意灵感，而是一步一个脚印，经过逻辑思考和精心构思而成的精致作品。

1.1.1 文案和电商文案概述

文案原指放书的桌子，在我国古代，文案也叫"文按"、公文案卷。后来文案慢慢转变为指伏案写字的人，文案岗位并不是现代社会才出现的，然而却在广告行业盛行后，才发展成为独立的岗位。

1. 现代文案的含义

随着社会的发展，现代文案多指在公司或企业中从事文字工作的工作者，或经文案工作者创作出的文字作品。也就是说，现代文案通常包含以下两层含义。

- 文案工作者：专门从事广告文案创作的工作者，简称文案。

● 文案作品：为了打动消费者而创作的文案，这种文案的最终目的是打开消费者的钱包，引导消费者消费。

文案工作者的主要工作是以文字来表现已经制定的创意策略，这种职位多存在于广告公司、企业宣传和新闻策划等行业或部门。一般所说的文案是"广告文案"的简称，现代广告文案主要由标题、正文、广告语和随文组成，将广告内容用文字体现。广告文案的创作，对于从业人员的应用文写作能力要求很高。同时，在实际运用过程中，一篇完整的广告文案不应只包含文字，图文结合同等重要。图像具有较强的视觉冲击力，文字文案具有较深的影响力，两者结合才会让整个广告画面充满活力，如图 1-2 所示。

图1-2　酒驾公益广告

2．文案与策划的区别

广告行业的文案需求日益增加，但很多人对文案的理解却较为模糊，认为"文案"等同于"策划"（这也与发源于中国的"策划学"发展不够成熟有关）。例如，很多小微企业对策划和文案岗位的区分并不明显，大部分文案工作都由策划承包。其实策划是所有事情的基础，甚至是决定文案基调的基础，只有经过策划的文案才有可能取得成功。

策划在于思，文案在于行，虽然文案工作者经常需要与策划人员配合工作，策划人员也需要撰写一些方案，但实际上这两项工作有着本质的区别。越是有文案需求的公司，对文案岗位的设定越明显。下面对两种特殊的文案岗位进行简单分析，如表 1-1 所示。

表 1-1 策划文案与创意文案的相关知识

项目	策划文案	创意文案	差异
工作内容	将策划人员的策划思路形成文字方案	将生成的创意理念/文案交由策划人员进行设计	（1）工作方向不一样：前者先生成策划后生成方案；后者先生成创意方案，后进行策划
表现形式	在有限的时间内理解策划人员的创意设计，配合策划人员完成策划方案的写作	构想画面，对广告语言的表现内容进行创意设计，再由策划人员配合生成活动方案	
注意事项	（1）必须充分了解策划人员的想法，掌握市场信息和市场动态 （2）语言简练，将策划思想反映在字里行间	（1）创意优先、市场优先 （2）把握目标客户群的消费心态 （3）向策划人员表达自己的创意理念，以商品和客户为中心展开思考	（2）工作内容不一样：前者偏向说明，后者偏向创新

知识提示

文案还包括新闻性文案（也就是常说的新闻稿）。要区分软文和新闻稿，主要看文章里是否有新闻事件。若文章内容涉及公司获奖信息、公司最新活动等内容，这些则为新闻稿；文章内容涉及公司商品评测、公司发展计划等内容，这些则为软文。

文案岗位对文字功底的要求非常高，写文案不同于写小说、散文，文案是具有逻辑性和表现力的，是利用最少的文字将具体表现最大化。很多企业意识到文案的重要性，开始细分岗位，逐步设置和发展专业的文案团队。同时，也因为文案需求的扩大，衍生出一些专注于文字服务的文案策划公司，其发展前景不容小觑。

3. 电子商务文案的内涵及发展

随着经济、文化的发展，文案由原本放书的桌子演变为文字职位。而新媒体时代的到来，以及电子商务发展的驱动，又使服务于电子商务的广告文案顺势产生，并逐步发展壮大，成为各个商家宣传、推广企业和商品的一种有效途径。

（1）电子商务文案的含义

传统文案主要在大众媒体上刊登发表。电子商务文案则是基于网络平台传播的一种文案形式，这种文案以商业目的为写作基础，通过网站、论坛、微博和微信等交流平台进行发布、传播，达到让消费者信任并引起其购买欲望的目的。

电子商务文案不仅由文字组成，还包括图片、视频和超链接等，它们能够丰富文案的内容，使文案更富有吸引力。事实上，电子商务文案更像是一种营销文案，它不仅是展示文案工作者的文字功底和创意，更重要的是与消费者沟通，通过所展示的文案内容打动、说服消费者。

文案欣赏

图1-3所示为苏宁易购App的重阳节广告文案。重阳节是老年人的节日，而"空巢老人"一直是一个关注度比较高的话题，很多年轻人背井离乡远离父母，陪伴父母的时间很少。苏宁易购App的文案以老人叙述的形式进行设计，文案内容的反向意义更大，更能引起读者的共鸣。另外，文案在界面中的占比设计、文字颜色和背景反差设计等都非常吸睛，冲击力很强。

图1-3 苏宁易购"重阳节"广告文案

电子商务文案服务于电子商务，不管是文案主题表达，还是具体的商品信息传播，都是为了促进交易的产生和完成。首先，电子商务文案通常采用环环相扣的表达方式来串联文章内容，不同的环节会有不同的侧重点和注重方向，每一部分文案表达都分工明确，从而让消费者层层深入，逐渐对文案所表达的内容形成较为全面的认识，进而激发消费者的购买欲望。

其次，电子商务文案中可以使用网络语言，用语相对而言更加自由，也会在第一时间使用网络中流行的新词、热词来吸引消费者的关注。例如，2017 年突然流行的"我可能是喝了假酒"这个词，传闻是电竞圈玩 CSGO 的队员喜欢喝酒，发挥不好的时候就"甩锅"给酒，才出了这个新词。同时，"我可能是睡了假觉""我可能上了假大学"等各种"假货"层出不穷。图 1-4 所示为基于网络热点制作的表情包文案。

图1-4　表情包文案

（2）电子商务文案的发展及前景

随着电子商务的迅速发展，电子商务文案作品已经渗透到我们生活的各个方面，其功效日渐显现。文案岗位也逐渐成为电子商务行业的主角。早在几年前，我国电子商务的特色之战已经打响，在淘宝与天猫的线上商圈中，文案从业者不断涌现，他们利用文案这种吸引消费者眼球的方式赚取着点击量、销量和人气。未来随着互联网的不断发展，电子商务文案的促销作用会越来越重要，各平台的文案较量也必然加剧，文案在电子商务行业也将变得日益重要。

（3）电子商务文案与传统文案的区别

传统文案是通过报纸、杂志、书籍和直接邮寄等方式，进行广告信息内容表现的一种形式。它具有一定的局限性，只能通过文章或图文并茂的形式来进行静态宣传。而电子商务文案却拥有更加丰富的表现形式和传播途径，它不仅提高了文案的使用价值，还使文案促销成为一种低成本、高效能的营销模式。

传统文案和电子商务文案的目的相同，但其实现过程、效应时间等却有很大差别，各有其优点也有其缺点。下面针对两者之间的不同之处进行总结，具体如表1-2所示。

表 1-2　传统文案与电子商务文案的区别

项目	传统文案	电子商务文案
主体	以大中小企业或工厂为主	以网站站长、网商及店长为主
对象	用于广告和新闻中	贯穿整个网络平台，作用范围更加广泛
媒体	基于纸质媒体，是静态的	基于网络媒体，是动态的
渠道	投放渠道有系统有规模，读者较为固定，忠诚度高	投放渠道呈松散状态，网民忠诚度较低
传播	不宜转载，传播力度弱	传播速度快，且极其容易被复制和传播
布局	较为正式，一般采用文章的正式写法，有头有尾，徐徐道来	较为随意，更注重文案的整体美观效果，更具有设计感
要求	对文章的质量和语言有较高的要求，具有较强的可信度	用语自由，可信度相对较低
存储	寿命较短，难以保存	寿命长，可以存储在数据库中或计算机中
成本	成本高	成本低
时间	发布的时间长且门槛高	发布及时，且可以迅速获得受众的反馈

比较而言，电商文案在传统文案的基础上，具有更强的层次性、时尚性、交互性和延伸性，它是一种在传统文案基础上衍生出来的新型广告文案，更加注重文案工作者的写作能力与创作思路，且更符合当下消费者的生活和消费习惯。

1.1.2 电商文案的类型

根据文案所处位置及产生作用的不同，可以大致将电商文案分为横幅广告文案、商品详情页文案、电商品牌文案和网络推广文案四种。

1. 横幅广告文案

横幅广告是网络中最常见的一种广告形式，一般以 JPG、PNG、GIF 等格式的图像文件出现在网页中，用于表达广告的内容。横幅广告一般放置在网页中较为醒目的位置，如网站主页的顶部，图 1-5 所示为迪奥香水和天猫"双 11"的横幅广告。

图1-5 横幅广告文案

横幅广告文案一般是一个简短的标题加上标志或是一个简洁的招牌，主要起到提示的作用，暗示消费者单击图片打开其他页面，去了解更详尽的广告信息。对于文案工作者来说，要进行横幅广告文案的创作，需要结合一定的创意来进行表现，尽量表现广告主题的独创性和新颖性。

2. 商品详情页文案

商品详情页文案是电子商务文案的重要组成部分之一，它主要用于网店商品信息的表述，达到激发消费者购买欲望的目的。商品详情页文案展示的是商品详情，主要通过文字、图片等元素全面地展示商品的功能、特性，以及销售、物流等方面的信息，从而增加消费者对商品的兴趣，激发其潜在需求和购买欲望，引导消费者下单。图1-6所示为美食网店中的商品详情页文案。

图1-6　商品详情页文案

3. 电商品牌文案

电商品牌文案主要用于进行品牌建设、累积品牌资产。一般来说，电商品牌文案主要通过故事进行品牌形象的建立与传播，文案内容的好坏直接决定着品牌故事的好坏，因此要注重故事的塑造和所要表达的思想。一个好的品牌故事能够体现其核心的品牌文化，并达到脍炙人口、源远流长的效果。图1-7所示为优秀电商品牌"阿芙精油"的文案，"阿芙，就是精油！"就是品牌建设之初策划设计的。

图1-7 电商品牌文案

4．网络推广文案

网络推广文案是为了对企业、商品或服务进行宣传推广而创作的文案，它可以给商家带来更多的外部链接，若引发了网友的大量转载，一传十、十传百，效果将非常明显。网络推广文案的写作方式更加自由，更加符合当下的网络文化潮流。网络推广文案的应用比较广泛，如微信公众号推广、微博推广、新闻App推广和浏览器推广等，图1-8所示为两个微信公众号中的信息推广文案。

图1-8 微信公众号推广文案

1.1.3 电商文案在营销中的作用

在现今新消费时代的背景下，人们对商品的需求越发的多元化，商家除了要满足消费者实际需求以外，更要满足其潜在心理需求。如何巧妙地抓住消费者心理，用最小的成本和代价唤起消费者的共鸣，挖掘消费者的潜在心理需求并同时满足它，成为摆在众多商家面前的一道难题。

电子商务文案的出现，很好地解决了这些问题，它不仅可以展现商家自己的文化和商品，还能更好地体现消费者的需求，吸引消费者进行购买。

文案既是一种销售手段，又是一种广告载体。文案也被人称为纸上推销术，它可以清晰描述商品的全部卖点，把控消费者心理，激发购买欲望，达成销售的目标。成功的电商文案可以带动商品的销量，优秀的文案更可以带动整个店铺的销量。当然文案不仅包括文字，也需要图片、视频等元素增强文案吸引力，以起到事半功倍的作用。曾经有人讲过把梳子卖给和尚、把冰块卖给爱斯基摩人的故事，用它来赞扬优秀的销售人员。文案通过塑造商品的差异化优势，可以快速地寻找到明确的目标客户群，从而带动销量的提高。

熟练掌握文案营销并辅助视觉设计可以解决大部分店铺的流量问题和转化问题，优秀的文案可以提升地摊货的价值，促进销售，同时还可以增加消费者对店铺的信任度，提升品牌影响力。文案在本质上属于创作，但最终目的是实现基于商品本身的销售目标。随着电商竞争的日渐激烈，文案也成功地走在了电商竞争的前端。接下来介绍文案在营销中的作用。

1. 促进品牌资产的积累

随着市场与商品竞争的不断加剧，企业以及商品品牌之间的竞争也越来越受到商家的重视。同时，消费者也更容易因受到品牌影响进而选择购买商品。一般来说，品牌资产包括品牌认知、品牌形象、品牌联想、品牌忠诚度和附着在品牌上的其他资产。

● 品牌认知：即品牌的知名度，是指消费者对该品牌的内涵、个性等有所了解。

● 品牌形象：它是指消费者对某一品牌的总体质量感受或在品质上的整体印象。

● 品牌联想：它是指消费者对品牌或商品的联想，包括与有关商品的属性定义或服务功能的联想，以及有关商品的服务、购买或消费的外在联想。

● 品牌忠诚度：它是指消费者在购买决策中，多次表现出对某个品牌有偏向性的行为反应，它是一种行为过程，也是一种心理（决策和评估）过程。

文案可以将企业和商品品牌以形象生动的文字表达出来，让消费者了解品牌的形成过程、企业所倡导的文化精神以及品牌所代表的意义等，提升品牌的形象，增加消费者对品牌的好感和信任度。长此以往，就可以逐渐积累起品牌的美誉度，使公众对于该品牌的质量可信度、社会公信力、市场竞争力、服务诚意、致力公益和回报社会等方面的综合评价有良好的印象。

2. 取得消费者的信任

图1-9 取得信任的文案

电子商务文案是一种带有销售性质的文案，它的主要目的是要让消费者信任文案中所描述的商品并产生购买欲望。因此，也可以将电子商务文案看作是一种销售行为，销售基于信任，而文案恰恰能够建立起商家与消费者之间的信任关系，文案中详细的商品信息展示、第三方评价和权威机构认证等都是很好的文案宣传素材。

不仅如此，文案还能在更准确地揣摩消费者心理的基础上，从多方面出发，做到动之以情晓之以理，激发出消费者平时没有关注到的潜在需求，引起消费者情感上的共鸣，促使消费者产生购买欲望。图1-9所示的商品广告中就利用了草本配方、证书和老店等关键词来增加商品的可信度。

3. 整合与互动作用

在网络平台上，电子商务文案可以无处不在，消费者只要具备上网的条件就可以看到它。商家也可以通过各种平台进行文案的推广与宣传，扩大文案的作用范围，如网页、邮件、微博、论坛、QQ和微信等都可以进行推广与整合营销。商家还能及时获得公众的意见与回复，增加彼此之间的互动，展开讨论。互动的范围和讨论的话题具有一定的话题性，可以有效地进行宣传与营销，起到事半功倍的效果。

文案是手段，销售才是广告的最终目的。电子商务文案是为了将受众的注意力吸引到商品上来，有效传达文案中所包含的商品信息，使受众在解读这些信息后，将自己的需求与商品、品牌联系起来，进而起到促销的作用。因此，电商文案的撰写，必须以销售为导向。

4. 增加外部链接与点击量

电子商务文案的一个优点是可以添加外部链接，以便带来更多的外部流量并提高网站的 PR 值（网页级别）。首先，消费者可以通过单击这些外部链接来访问更多的网页，了解企业或商品的更多信息。其次，从搜索引擎优化的角度来考虑，外部链接越多的网页越能够被搜索引擎发现和收录，这就表明，网页越能够被消费者搜索到，产生的流量也会越多。

消费者的需求得到满足时就会产生愉悦的心理感受，同时会对满足其需求的商品或品牌产生好感。相反，如果需求不能得到满足则容易对商品或品牌产生排斥。而文案就是为了实现与消费者的良好沟通，改变消费者的固有观念，促使他们产生购买行为并树立商品和品牌良好形象而产生的。商品的长期销售需要企业有效地塑造品牌形象，优秀的电子商务文案必须承担起塑造品牌或企业形象的责任。这就要求电子商务文案能准确、有效地展示商品或企业独特的个性，并通过长期传播，最终将这种个性升华为品牌内涵。

// 1.2 电商文案岗位概述

一名优秀的文案工作者不仅可以写出成功的文案，引起读者的共鸣，还能配合企业其他部门的人员进行商品或服务的推广与宣传。但是，是否每家企业都应该设置"文案"岗位呢？当然不，企业应该根据自身规模及需要来设置文案岗位，同时，还应该对岗位上的工作人员进行规范和约束，要求其不仅要具有文案工作能力，还要有优秀的职业素养。

1.2.1 电商文案岗位的设置

电商文案的职位名称，不是通识性的名称，只是不同企业中特定的岗位名称，因此，只能根据岗位的需要来设置。很多规模不大的企业，他们的人员配置没有那么齐全，因此在电商文案岗位的设置上就可能将其他的岗位和文案岗位糅合在一起，如将策划和文案设置为一个岗位，文案和编辑（网站）设置为一个岗位，文案和市场设置为一个岗位，甚至文案岗位同时承担策划、编辑、市场和运营的所有工作，因此小规模企业的人员配置少，分配到电商文案工作者身上的职责范围却非常庞大，如图 1-10 所示。

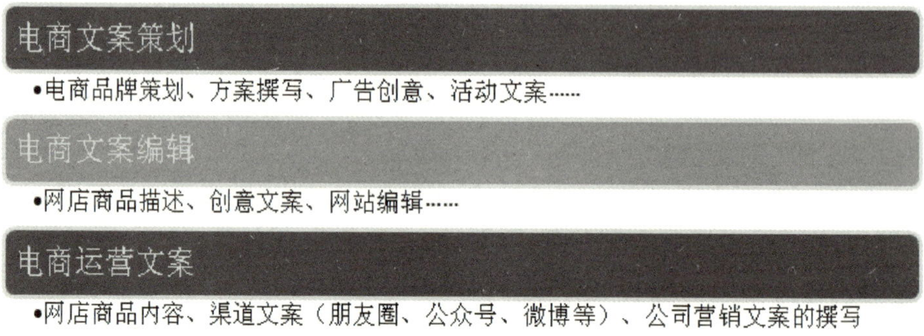

电商文案策划
- 电商品牌策划、方案撰写、广告创意、活动文案……

电商文案编辑
- 网店商品描述、创意文案、网站编辑……

电商运营文案
- 网店商品内容、渠道文案（朋友圈、公众号、微博等）、公司营销文案的撰写

图1-10　文案岗位的设置

如果企业规模较大，人员配置较为齐全，岗位也按需求进行多次细分，那么策划、编辑运营和电商文案岗位就是分开的，其工作人员各自负责自己岗位上的工作内容。甚至可能根据市场需求对电商文案岗位再次进行细分。

电子商务热潮的袭来，对电商文案工作内容不断改善、不断实现突破起着至关重要的推动作用。电商文案不仅能在受众心中打造出一个以文字为元素、以商品为载体、以消费者为目标的多维世界，还能同时兼有广告传播的功能。作为一种艺术创作和经济活动，电商文案依靠其卓越的文字表现能力，在塑造美好的商品形象的同时，也促进了商品的销售。

1.2.2　电商文案岗位能力要求

电商文案工作者除具备写作知识外，还必须具备市场运营的敏感性和分析能力，具有敏锐的洞察力和丰富的想象力。除此之外，要想成为一名合格的电子商务文案工作者，还要拥有能够胜任该岗位的基本能力。

1. 合理的知识结构

电商文案工作者应该掌握精深的专业知识，要有广博的知识储备和丰富的生活经验。只有拥有扎实的基础，才能将知识技能与生活工作中的所感、所想结合在一起，从受众的角度和需求出发看待问题。

2. 洞察力和创造力

电商文案工作者要能够快速并准确地捕捉商品亮点，能对网络受众进行深入分析，以及要思维活跃、洞察力强、富有创意，要对互联网及电子商务行业的热点和流行趋势有较强敏感度和理解能力。同时，电商文案工作者还应具备创造力，创造力源于胆大、好奇、敏锐和沟通等，因此，电商文案工作者要善于发现别人忽略的真理，并能够用生动、准确、形象的语言表现。

3. 团队协作能力

团队是工作正常进行的前提，没有谁是一个人就能成功的，光环里的人背后一定有一个强大的团队支持。因此，电商文案工作者光有文笔和创意还不行，在实际工作中与团队的协作能力至关重要。能进行良好的沟通、能协调自己与同事之间的工作，对工作保持高度的责任心以及严谨的工作态度，是创作出好作品的关键。

4. 良好的职业道德

良好的职业道德在每个行业的每位工作者身上都应该体现，电商文案工作者的职业道德主要表现为两个方面：一是要有敬业精神，要热爱文案工作，对自己追求的目标锲而不舍；二是要有责任心，对公司负责，对消费者负责。

1.2.3 电商文案岗位工作内容及职责

虽然电子商务文案岗位的划分不一定非常明确，相关岗位的工作也有交集融合，但是其工作内容、工作职责却是类似的，具体如下。

（1）负责公司商品文案的创意和撰写，根据企业品牌定位及商品风格，撰写商品的上架文案，挖掘商品卖点，吸引消费者眼球。

（2）负责企业网站或淘宝商城商品详情的呈现，负责网站重要页面商品的陈列布局。

（3）根据市场部的活动策划方案(框架)，对促销活动、网站广告、品牌策划和市场推广等专题活动进行内容创意、文案编辑等的优化。

（4）分析市场上的同类竞争品牌和消费者心理，撰写品牌文案，提升企业和商品形象。

（5）负责电商平台的软文工作，熟练掌握软文、交换链接、邮件推广、SNS 推广、论坛推广及其他特殊的推广方式。

（6）负责电子邮件推广活动文案的撰写及发布，协助推广团队完成推广方案的文案策划和撰写。

知识提示

　　不同的企业会根据具体的文案岗位设置来规划文案岗位的工作内容，不论是哪种文案岗位，其工作者都应该爱岗敬业，有职业道德，认真踏实地做好文案工作，保证文案的原创性和可阅读性。

// 1.3 电商文案学习领域的要求与目标

电子商务文案所涉及的领域十分广泛，读者需要了解该岗位在各个领域要学习的内容及达到的标准。下面分别对电子商务文案学习领域的总体要求、能力目标、知识目标和素质目标进行介绍。

1.3.1 电商文案学习领域的总体要求

参照《电子商务师国家职业标准》及《网络编辑员国家职业标准》，以提升网络整体营销效果为主线，以"网店内容管理"和"商品信息管理"两大业务为切入点，通过对商务策划文案、商务公关文案、网店业务文案和网店促销公关文案的学习，让读者能收集和发布与网店主要商品有关的信息；能配合商家的营销目标，编撰商品促销软文，具备引导消费者进行购买的向导作用；能够敏锐捕捉跟踪热点事件，具备网络专题策划能力。

在讲授经典文案赏析和商务文案写作技巧的基础上，培养读者的网络促销活动文案策划、商品详情页文案撰写及网络推广文案写作的能力，使读者掌握文案的创作思维和写作方法，形成电子商务文案撰写的知识体系并具备实际操作能力。

通过学习，读者能够学会准确分析网络营销中消费人群的特点与购买心理，策划组织各种网络营销活动；学会分析网店文化、撰写品牌故事、掌握网店各页面文字的表述特点和写法；熟练掌握对各大论坛、博客、微博和空间等文案的策划与撰写方法；熟练掌握企业相关新闻、广告、活动策划等文案的撰写方法及应用方式。

1.3.2 电商文案学习领域的能力目标

电子商务文案学习领域的能力目标如下。

- 能够分析网站风格，进行网站文案特点分析。
- 能够撰写店面故事和品牌宣传文案。
- 能够依照网站风格撰写、编辑商品描述，提高商品的转化率。
- 能够处理网络文案标题。
- 能够依据促销主题，撰写活动促销方案。

- 能够撰写各大论坛、企业博客、微博等的文案内容。
- 关注网络发展动态，使文案表述符合潮流趋势。
- 能够负责企业新闻稿件的撰写与宣传工作。
- 能够撰写活动策划和网络广告文案。

1.3.3　电商文案学习领域的知识目标

电商文案学习领域的知识目标如下。
- 掌握主要电商文案的含义、类型和作用。
- 掌握电商文案撰写的几种基本思路。
- 掌握电商文案撰写的基本原则。
- 掌握电商文案写作的标题原则、文章切入技巧、写作禁忌与误区。

1.3.4　电商文案学习领域的素质目标

电商文案学习领域的素质目标如下。
- 树立商业竞争和营销意识，培养读者的动手能力和实践能力。
- 培养读者的创新思维、创新意识和创新能力，形成以创新为营销之本的观念。
- 形成正确的消费者观念和整体系统的商品推广理念。

十分钟撰写优秀电商文案

有人说："如果能把观点装进别人的脑袋，就能把机会装进自己的口袋。"

如何把观点装进别人的脑袋？有时需要的就是一篇优秀的电商文案，它能在第一时间引起读者的共鸣，让读者有代入感。而能把观点装进读者脑袋的优秀电商文案，只需要十分钟就能轻松完成。

优秀电商文案一定具备四个特点，如图 1-11 所示。总结为一句话就是"可信而形象化地传达一个让人意外的信息，并且倡导简单的行动"。也就是说，这篇文案里的信息一定是让人意外的、非常形象的、能让人信服的，同时能引起读者进行简单的行动（思考、行为）。

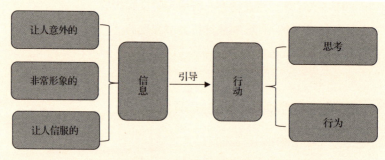

图1-11 优秀文案特点

1. 意外的信息

能让人感觉到很意外的信息，可以是超出常规认知范围的信息，如"公鸡会下蛋"；也可以是打破固有期待的信息，如"早起的虫子被鸟吃"；还可以是暗含意外危险的信息，如"充电玩手机引发爆炸"。这些寻常生活中的意外结果和普通陈述比起来，更容易使人们感到惊奇。如果能够在寻常活动中制造意外感，人们的眼球就会被这样的信息所吸引，并且迫不及待地想要传播给别人。

2. 形象的描述

形象的描述比抽象的描述更能让人产生直观的视觉画面，如描述一件事很好笑，"真的很好笑"和"笑掉你的大牙""笑出腹肌"相比，后面两种更能呈现画面感。只要形象地阐述一件事，事件里产生了某种具象的结果，那它就具备了可传播的条件。"画面感"甚至可能比观点本身是否正确还要重要。

3. 可信的来源

如果你想让一个观点得到认可，那么就需要让这个观点可信，可以是为它找到一个非常简单的验证方式，如"简单的自我验证"（如吸油的减肥贴），也可以是通过专家认证。

4. 倡导简单的行动

信息引导的结果越简单，成功的概率越大。太过复杂的行动倡导，可能仅仅停留在表面上，人们思考一下就彻底放弃，根本达不到行动的那一步，如王老吉的广告词"怕上火，喝王老吉"。若想让观点得到传播，那么观点本身就必须足够简单，且必须倡导一个足够简单的解决方案。

习题与实训

一、选择题

1. 电子商务文案是动态的，它基于（　　　）媒体生成传播。

   A. 电子　　　　　　　　　　B. 网络

   C. 报纸　　　　　　　　　　D. 书刊

2. 下列选项中，不属于电子商务文案类型的是（　　　）。

   A. 横幅广告文案　　　　　　B. 网络推广文案

   C. 竖版广告文案　　　　　　D. 电商品牌文案

3. 下列选项中，属于电子商务文案特点的是（　　　）。

   A. 可行度高　　　　　　　　B. 不易转载

   C. 传播速度快　　　　　　　D. 成本高

4. 电子商务文案在营销中的作用不包括（　　　）。

   A. 避免误区解读

   B. 建立品牌形象

   C. 增加外部链接与点击

   D. 取得消费者的信任

5. 下列选项中，不属于电商文案学习领域的知识目标是（　　　）。

   A. 掌握主要商务文案的含义、类型和作用

   B. 掌握商务文案撰写的几种基本思路

   C. 掌握电子商务文案撰写的基本原则

   D. 掌握撰写店面故事和品牌宣传文案的技能

二、问答题

1. 什么是现代文案？现代文案有几种意义？

2. 简述现代电商文案与传统文案的区别。

3. 要成为合格的电子商务文案工作者，应该具备哪些能力？

三、课后实训

1. 留意身边的电商文案信息。

2. 收集能引起共鸣的电商文案，养成文案素材收集的习惯。

3. 分析电商文案为什么能引起共鸣，它们有什么样的共同点？

4. 以"母亲节"为主题，尝试为网销商品电饭锅编写一则短小精悍的电商文案广告。

02 Chapter

网店商品文案

电子商务发展至今，各大平台在商品详情方面均有"殊途同归"般的较为成熟的表现方式，本章以淘宝电子商务平台为例，详细讲解网店商品文案的写作方法。需要强调的是，这些方法绝非是"万能钥匙"，加深对商品及企业商品延伸文化的理解，创作出能激发文案受众共鸣的文案作品，这才是能让网店商品文案不断焕发生命力的基础。

要点提示

- 网店商品文案基础知识
- 网店商品文案的写作流程
- 网店商品文案的写作思路
- 网店商品文案标题和正文的写作
- 网店海报文案、详情页文案和营销文案的写作

双瞳如小窗·佳景观历历

中国文化博大精深，在众多文学作品中，诗词被称作最优美的文字，其魅力可见一斑。魅族官方网站在 PRO 7 手机的海报设计中就使用了诗词形式的文案，如图 2-1 所示。"双瞳如小窗，佳景观历历"用于描述双摄手机的拍摄功能。同时，魅族官网在详情页的商品描述中同样也沿用了这种形式。

（a）

（b）

（c）

图2-1　魅族官网PRO 7手机海报文案

（d）

平凡的皮囊千篇一律　时尚的灵魂万里挑一

约 5000 年前，世界上第一支口红出现在苏美尔人的城市 乌尔，至今仍是时尚界宠儿。

平凡的皮囊千篇一律　时尚的灵魂万里挑一

ROUTEMASTER，伦敦标志性红色双层巴士，1956 年起服役，与白金汉宫一样，被民众视为是英国的象征。

平凡的皮囊千篇一律　时尚的灵魂万里挑一

文艺复兴回眸油画德曼·布切和奥尔福用红色作画商形成极具划的野狼风格。
魅族 PRO 7 接番红，给手机与众不同的红。

（e）

图2-1　魅族官网PRO 7手机海报文案（续）

画屏：“灵犀相通，妙不可言”；
相机：“双摄如瞳，明眸善睐”；
设计：“美不胜收，爱不释手”；
屏幕：“大有可观，小有可为”；
……

　　商品详情描述对每一个版块的功能都使用对称形式的文案作为主要标题文案，在文案下面再进行简单解释，既统一了风格，又提高了受众对商品的接受度。最后，改编网络流行语“好看的皮囊千篇一律，有趣的灵魂万里挑一”，用“平凡的皮囊千篇一律，时尚的灵魂万里挑一”来展现手机的颜色。

　　在魅族官网 PRO 7 手机文案中，既有诗词的魅力，也有对网络热点的追踪；既有自己的营销风格，又很好地迎合了大众口味。

网购已成为当下非常重要的购物方式，网店的发展、网店商品营销方式的变化也促进了网店商品文案的发展。无论是网店商品文案的类型，还是网店商品文案的写作等，都是文案工作者应该掌握的知识。本章将详细介绍这些内容，让读者全面了解和熟悉网店商品文案。

// 2.1 网店商品文案的基础知识

网店商品文案是电子商务文案的一种类型，大多数人对网店商品文案既熟悉又陌生，熟悉是因为网店商品文案与网络购物密不可分，陌生则是因为只有极少数网店商品文案能让消费者记忆深刻。

2.1.1 网店商品文案的定义

在信息大爆炸的今天，"酒香不怕巷子深"的道理已经逐渐失去它的本意。由于网上购物的普及，网店如雨后春笋般出现，网购迅速发展为当下主流的购物方式。网络店铺之间的竞争，大大增加了人们对网店商品文案的需求，促进了网店商品文案的发展。要想使商品脱颖而出，优秀的文案必不可少。

网店商品文案是指在网络页面上展示商品信息、表现创意策略的文字作品。网店商品文案并不是独立存在的，它通常与商品图片搭配在一起，利用图片和文案的结合刺激消费者产生购买欲。网店商品文案是为营销和推广商品而存在的。

2.1.2 网店商品文案的类型

在网络上进行商品销售的平台有很多，如淘宝、京东、苏宁易购、当当和亚马逊等。除此之外，很多制造商也逐步开通官方网站，用于销售自产商品，如小米、锤子和魅族等手机销售商。虽然商品销售的平台不同，但从商品角度出发，其文案大致可以分为以下 3 种类型。

1. 海报文案

海报是一种常见的宣传形式，它通过版面构成将图片、文字、色彩、空间等要素进行完美的结合，以恰当的形式向人们展示宣传信息。海报文案指的就是海报中的文字信息，它可以直观地表达海报内容，同时也能从侧面突出商品或店铺的特色。

网店海报通常位于店铺首页，可以为某一特定商品做宣传，也可以为店铺该时段的活动进行宣传，图 2-2 所示为某网店一款女包的首页海报，其文案由宣传语、价格等内容组成。

图2-2　海报文案

2．详情页文案

详情页是用于展示商品详细信息的页面，包括商品图片、特点和功能介绍等内容。对于在网络上销售的商品来说，因为消费者不能看到商品实物，也不能触摸感受商品，所以图片和文字是消费者了解和熟悉商品的唯一途径。为了便于查看，商品的详情页会经过美工设计后上传至网络，美工设计的图片由摄影师提供，文字由文案工作者提供。详情页文案集商品的卖点、热点和营销策略等文案信息于一体，图2-3所示为"蓝月亮"洗衣液的详情页文案。

图2-3　"蓝月亮"洗衣液详情页文案

3. 营销文案

顾名思义，营销文案是用于促进营销的文案，如淘宝网商品主图上的文案，或者淘宝直通车图片上的文案等。一般营销文案都是围绕以下几个信息展开的：强大的功能、实惠的价格和爆仓的销量。在商品图片旁边配上这些内容，商品销量提高，就可以达到扩大商品的影响力，减轻商品库存压力的目的。图2-4所示为淘宝直通车文案内容。

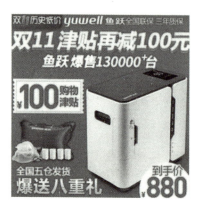

图2-4　淘宝直通车文案

知识提示

营销文案是比较泛泛的一种说法，凡是促进营销的文案都可以称作营销文案，如用于营销的故事文案等。

2.1.3　网店商品文案的意义

网上的店铺各有特色，商品种类日渐繁多的同时也出现了同质化严重的问题，这使得消费者极易产生审美疲劳，如何使自己的商品从众多商品中脱颖而出是当下网络店铺经营者首先应该考虑的问题。这时网店商品文案就变得至关重要。

以淘宝店铺为例，商品文案出现在店铺的各个版块中，如店招、主页海报、商品主图、宝贝详情页和淘宝直通车等版块都可以设置引人入胜的商品文案信息，这些文案通常起到以下两方面的作用。

（1）解释说明商品或活动。如店铺海报、商品海报中的文案是为了展示活动信息，而商品详情页文案是为了展示商品规格、参数和功能。

（2）促进商品销售。如海报文案、商品主图文案和淘宝直通车文案等都是为营销推广而设置的。

// 2.2 网店商品文案写作

文案并不是张嘴就来、提笔就有的，优秀的文案工作者在撰写文案前一定会做详细的功课。网店商品文案写作可以从以下三个问题着手。

1. 为什么写（WHY）

网店商品文案的实用性非常强，它既为主流消费者提供全面的商品信息，也为有小众需求的非主流消费者提供不关乎价格的消费选择。很多时候，经过精心打磨而成的网店商品文案本身就是一件了不起的作品。虽然大多数情况下，成交转化是它的第一目的，但网店商品文案的很多非商业因素，也是非常吸引人的，如新生词汇、审美情趣和优质分享等。

2. 写什么（WHAT）

关于商品的一切、关于商品消费者的一切，皆可成为文案的写作内容。常见内容有文案标题、商品名称、商品参数、品牌故事、使用价值和客户反馈等，还有非常重要的商品"关键词"。

3. 什么时候写（WHEN）

简单地说，网店商品文案的写作时间就是在文案工作者理解了商品之后，商品在网店上架之前。理解商品这个过程越精细、越深入，且对商品的认知有适当的沉淀之后，才是商品文案写作的恰当时机。越是高质量的沉淀，越能够通过文案的撰写为商品添加更多、更好的附加价值。

下面带着这些问题，我们一起来学习网店商品文案的写作流程、写作思路和写作技巧。

2.2.1 网店商品文案的写作流程

在编辑撰写网店商品文案时一般要考虑三个因素，即受众、目标和特性。综合考虑这三个因素之后，又会生成三个新的因素，即受众的反应、文案策略和最终效益。除了字面意思外，我们可以通过图 2-5 所示的多角度思考问题。

受众、目标和特性，以及受众反应、文案策略和最终效益等，都是文案工作者在编写文案前应该了解和掌握的信息。文案工作者可以通过以下步骤来了解和掌握信息。

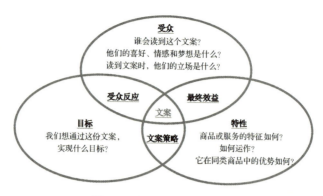

图2-5　文案的多角度因素思考

1. 进行市场研究

文案写作最让人头疼的是需要文案写作者花很多的时间理解商品和企业文化，电商文案的写作亦是如此。电商文案写作者应该通过自己的方式来理解、研究商品。有以下三种方式可以获取商品的市场信息。

（1）了解商品

要快速了解网店商品、获取商品信息，可以从以下三个方面着手，分别是商品定位、商品功能和商品迭代。

● 商品定位：通过官方渠道获取商品信息、消费者群体信息；通过使用商品来分析商品的定位。

● 商品功能：通过商品信息和使用商品等途径，了解商品的功能和特点。

● 商品迭代：了解商品的变动趋势，有助于思考和了解商品现有方向和未来的发展方向。

除了以上三个侧重点外，电商文案工作者还可以通过问问题的形式深入了解商品。例如，商品有哪些优势？这些优势中哪些是别家没有的？如何使商品区别于电商平台中的其他同类商品？

（2）了解受众

受众是指信息的接收者，网店商品受众就是网店商品的购买者和使用者。研究网店商品受众的主要目的，就是了解网店商品的购买群体和消费者群体，用以分析商品更偏向于自用还是他用，由此来决定策划文案时更应该偏向谁。

- 购买群体：指购买商品的群体。
- 消费者群体：指使用商品的群体。

消费者在网店购买商品一般有两种用途，一种是自用，另一种是他用。例如，网店销售手机，消费者绝大多数买来自己用（自用），极少数买来赠送给家人或朋友（他用），那么在进行文案写作时就可以从两方面着手（或更偏向于某一方面）；又如网店销售婴幼儿奶粉，真正食用的是婴幼儿，但购买的却是他们的父母，那么在进行文案写作时就应该从购买群体的角度出发进行设计。只有刺激购买，实现订单转化，才是文案的最终目的。

（3）了解市场

了解市场包括了解电商商品市场和电商市场。

- 电商商品市场：包括商品的活跃数据、竞品数据情况等。
- 电商市场：包括整体电商市场总额、市场中同类电商商品的总额及相关数据。

2. 有效资料建档

在市场调研环节中，文案工作者可以获取多种资料数据，如商品信息、受众信息和市场信息等。但这些信息并不是都能够被直接使用的，文案工作者必须在网店商品的资料数据中提取有效信息。

什么是文案的有效信息？能够直接用于文案的、激发创意思维的、刺激观点形成的，都是文案的有效信息。当然，作为网店商品的文案工作者，除了提取有效信息外，还有责任将能够使用的有效信息资料及来源建档保存。

在计算机中建档的方法很简单，只需要把不同类型的资料存放在不同的工作文件夹中即可，同时对资料的来源进行文档备注，如商品简介来自××说明书、受众分类来自××市场调研报告等。对编写生成的文案同样可以备注建档，如××标题创意来源于××诗词、××短语引用自××文献等。

资料的有效提取和建档，不仅可以提高文案工作者的工作效率，还可以给校对文案和文案使用决策者提供说明，甚至可以为后续的其他文案创作提供创意帮助。

知识提示

　　完成网店商品文案后，应该将所有资料及备注信息保留至少六个月。如果价值明显，还可以考虑对其进行更长时间的保存。

3．信息组织加工

通过上述两个阶段的工作，我们已经收集了大量有用的商品信息，也记下了关键句，那么，接下来我们就要进入信息组织加工阶段。这项细节工作可以带来两个好处。首先，将信息进行录入的过程也是信息过滤的过程，我们可以从中挑选重点写下来；其次，我们再对精华部分进行提炼，进而提高我们对商品的熟悉度。有时候这个过程本身就是一个二次创作的过程，虽然要做好这一步很困难，但这对于个人的成长是很有帮助的。

2.2.2 网店商品文案的写作思路

很多文案工作者写作一篇文案通常会经历非常多的程序和环节，并在这些程序和环节中找到写作灵感和思路。要写出好的文案，可以利用下面几种思路辅助写作。

1．发散思维获取创意

九宫格思考法是一种兼具左脑与右脑思维的工作方法，它又被称作曼陀罗思考法。利用九宫格矩阵图发散思维的方法可以使我们跳脱直线思考的模式，将思绪扩展开来，迅速产生好的灵感，这种思维方式主要有"扩展型"和"围绕型"两种，如图2-6所示。

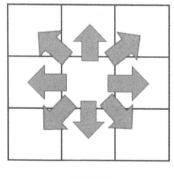
扩展型

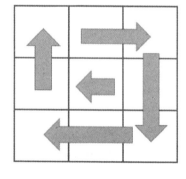
围绕型

图2-6　九宫格思考法的两种方式

在这两种思维方式中，围绕型思维方式适合流程或层次型思维的思考。本书重点讲解扩展型九宫格思考法，其方法比较简单：拿一张白纸，用笔将白纸分割成九个格子。在中间的格子中填上商品名称，接下来在其他八个格子中填上可以帮助此商品销售的众多优点和特征等。然后分别将这八个格子中的每个优点特征再扩展为八个格。如图2-7所示，先对商品分析出 A~H 的优点，再对 A 优点分析出甲～辛的特征，后面的 B~H 都像 A 这样发散扩展。

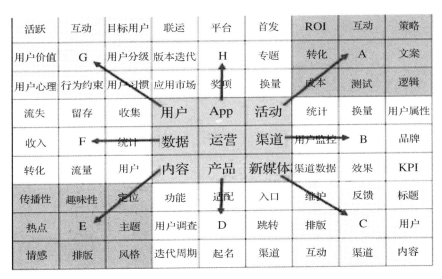

图2-7　扩展型九宫格思考法的方法

　　这是强迫创意产生的简单练习法，很多文案工作者、演讲工作者也常用这种方法构思出企划案或演讲 PPT 的结构。图 2-8 所示为扩展型九宫格对"运营"的思维分析。

活跃	互动	目标用户	联运	平台	首发	ROI	互动	策略
用户价值	G	用户分级	版本迭代	H	专题	转化	A	文案
用户心理	行为约束	用户习惯	应用市场	奖项	换量	成本	测试	逻辑
流失	留存	收集	用户	App	活动	统计	换量	用户属性
收入	F	统计	数据	运营	渠道	用户监控	B	品牌
转化	流量	用户	内容	产品	新媒体	渠道数据	效果	KPI
传播性	趣味性	定位	功能	适配	入口	维护	反馈	标题
热点	E	主题	用户调查	D	跳转	排版	C	用户
情感	排版	风格	迭代周期	起名	渠道	互动	渠道	内容

图2-8　关于"运营"的扩展思考

2. 类目要点延伸

　　把该商品目录上的商品特点照抄下来，然后在每个要点后面加以延伸。照抄目录上的商品卖点也可，但文字会比较没有人情味，说服力稍差。

3. SEO 匹配

SEO 是英文 Search Engine Optimization 的缩写，中文译为"搜索引擎优

化"。不会写商品文案的人，文案是写给自己看的；会写商品文案的人，文案是写给目标对象看的；最会写商品文案的人，文案既是写给目标对象看的，同时也是写给搜索引擎看的。因为优秀的网店商品文案可以很好地突出商品信息，如品牌、热点、卖点和特征等，这些信息是可以通过搜索引擎读取的，如图2-9所示。例如，在百度、搜狗等搜索引擎中搜索关键字时，筛选出来的信息包含商品的出售信息，我们可以直接通过链接进入商品销售页面。或者在淘宝搜索栏中搜索关键字，如搜索男朋友、礼物等，通过这些关键字搜索可以得到与关键字相关的商品。

图2-9　SEO搜索引擎优化

4．图文并茂

动人的文案加上一张有说服力的照片无疑产生"1+1>2"的效果，长篇大论不如图文并茂的解说。新闻学研究已经证明，图片与图片底下的图说的阅读率高于内文许多倍。另外，文案还要用小标题提纲挈领，这样阅读效果更佳。

2.2.3　网店商品文案的写作技巧

用于网店不同地方的商品文案，其写法也各不相同，但可以运用规范的三段式写作方法。如海报文案可以是"标题＋商品特征＋促销信息"，详情页文案可以是"标题＋促销信息＋商品详情"，营销文案可以是"标题＋故事＋卖点"等。

总体来说，就是"标题＋正文"的结构，下面介绍标题和正文的写作技巧。

1．标题写作技巧

大部分人在阅读的时候，都会习惯性跳过商品广告，或不经意地看上一两眼。

人们对待传统载体的广告是如此，对待网店的商品销售广告也是如此。以淘宝首页的海报轮播图为例，一张海报停留在大家眼前的时间只有几秒，文案工作者需要做的就是如何充分利用这几秒，让海报内容吸引住消费者。好的文案一定会设置一个吸人眼球的标题，这样才能让看到这张海报的人想要点击进去查看商品。同样，在商品详情页中设置一个吸人眼球的文案标题，才能让点击进入商品详情页的人有兴趣继续阅读，甚至产生下单购买的想法。

要写好商品的文案标题，首先应该了解标题的写作技巧。

（1）标题应包含的内容

无论哪一种形式，消费者的第一印象——也就是他们看到的第一个影像，读到的第一句话，或听到的第一个声音，可能就是决定这篇文案成功与否的关键。无论文案的正文内容多有说服力，商品有多实用，如果无法吸引消费者的注意力，文案就是失败的。能够赢得注意力的标题才是文案成功的关键要素。

那么，一篇网店商品文案的标题应该包含哪些内容呢？

● 引发消费者的好奇心。要吸人眼球，一定要具有某种特定的吸睛因素，好奇心就是特别典型的一种。消费者看到商品文案，如果不明就里或一眼看到本质，那他们一定没有继续阅读的欲望。因此在标题中可以添加"引发消费者的好奇心"这一因素来吸引消费者阅读。

● 满足消费者的期望。消费者在购买商品的时候，大多数想要确定自己买到的商品是否物美价廉。因此他们浏览标题的时候，只会思考："这对我有什么好处？"

文案欣赏

我们可以通过以下案例来体会标题的魅力。

① 某文案标题为"如何赢得朋友并发挥影响力"。该文案承诺订购同样名为《如何赢得朋友并发挥影响力》的书后，消费者不但能交到朋友，还可以说服别人，这样的好处简直难以抵挡，毕竟，除了隐士谁不想多交些朋友？

② 卡夫食品广告词标题为"如何省钱吃好料"。这种标题对于既关心家人的营养状况、又要注意预算的人来说，可以说是直击内心。

③ 加拿大美乃滋品牌贺尔曼的广告"你知道制作出润泽绵密蛋糕的秘诀吗？"。它在标题中就充分利用了人的好奇心。

这些标题既利用了人的好奇心，又承诺或揭示了某些好处。

（2）明白标题的功能

标题的作用不仅是赢得注意、吸人眼球，还要筛选出某些特定的人群。

① 吸引注意

● "得到结果、提供好处"的标题。这类标题通常出现"击败""挥别""划算""省钱"和"免费"等字眼。如表2-1所示的标题。

表2-1　得到结果、提供好处的标题

文案	商品主体
帮助孩子击败蛀牙	佳洁士牙膏
挥别火热，就从今年夏季开始	美国通用电气冷气机
深层清洁，平衡控油	诺珊玛保湿露

知识提示

假如你能够直接将"免费"的字眼放进标题，何乐而不为呢？这是文案写作者的字典里功效非常强大的词汇，大家永远都想得到免费好用的东西。不要因为其他文案也经常用到这些字眼，就舍弃不用，之所以会经常用到，正是因为它们很有效。

● 提供新信息的标题。这类标题通常会出现"新的""发现""引进""宣布""现在""问世""终于"和"最近推出"等字眼。如表2-2所示的标题。

表2-2　提供新信息的标题

文案	商品主体
新影片教你雕塑迷人双腿	运动教学录影带
发现浓郁烘焙风味	布瑞姆牌低卡咖啡
未来牌狗食全新四种美味选择，瞩目登场	未来牌狗粮

● 提供简单执行力的标题。这类标题会出现"快速""简单""确保""有效"和"证明"等字眼。如表2-3所示的标题。

表 2-3　提供简单执行力的标题

文案	商品主体
67档成长型潜力股免费研究报告	美林证券
木材加工简单三步骤	明威克斯牌木材涂料
如何烤豆子	凡坎普罐头食品

知识提示

有的商品文案工作者绞尽脑汁"写"标题、玩花招，却没承诺消费者任何好处，或文案写得天花乱坠，却跟商品本身无多大关系。

写标题的时候，应该选出一个对消费者来说最具价值的商品优点，然后用清晰、大胆的方式呈现出来。尽量避免装可爱、卖弄聪明、煽情但言不及义的标题或观念，它们或许能激起消费者一时的兴趣，但不会给销售带来实质的帮助。

② 筛选消费者

标题可以为商品筛选出最合适的消费者，剔除不属于潜在顾客的消费者。例如，一个寿险标题可能会这样写："专为 65 岁以上男女设计、保费合理的寿险。"表 2-4 所示为能为商品筛选出合适消费者的例子。

表 2-4　筛选消费者的标题

文案	广告主
征童书作者	儿童文学协会
给递延年金保单保户的重要信息	人寿保险公司
你的电费太高了吗?	电力公司

③ 传达完整的信息

大卫·奥格威认为，80% 的消费者只看广告标题、不看正文。假如这个观点正确，那么商品的标题最好能够包含完整的信息，如此一来，商品本身就能有针对性地影响 80% 只看标题的消费者。表 2-5 所示为能传达完整信息的标题。

表 2-5　传达完整信息的标题

文案	广告主
早期发现，高露洁就能挽救蛀牙	高露洁牙膏
为您省下一半的冷气与暖气费	日立冷暖气机
现在起，就靠房地产致富	21世纪不动产

④ 引导消费者阅读文案正文

有些种类的商品，如服装、礼品或包含时尚元素的商品，确实能够通过好看的照片、强而有力的标题以及最精简的文字来吸引消费者。然而，有许多其他种类的商品，必须提供给消费者相当多的信息，如书籍、药品、电子商品、机械商品和金融投资商品等，这些商品的详细信息只能在详情页正文中体现。为了使文案产生效果，文案标题就必须能引导消费者继续往下阅读。

要做到这一点，必须激发消费者的好奇心，可以通过以下方法来激发消费者的好奇心。

● 利用幽默的语言、让消费者猜谜等形式。

● 可以提出一个问题、发起一段挑战。

● 承诺提供奖赏、新消息或有用的信息等。

举个例子，一则面霜文案的标题为："只要花 5 美元就能享受美容手术的效果"。对美容感兴趣的消费者会很好奇，这个能够取代昂贵手术的商品到底是什么？换个角度思考，一旦标题改成："用售价 5 美元的乳液取代昂贵的美容手术"，这个标题还会那么吸引人吗？

知识
提示

　　除了上面的方法外，还可以在标题中加上"你""我"等词汇来拉近与消费者的距离。很多商品文案正文选择比较客观的角度进行介绍，这种方式可以给人非常专业的感觉。但如果商品文案要走温情路线、打感情牌的话，就可以适当地使用"你""我"等词汇，拉近与消费者之间的心理距离，让消费者有代入感。

（3）八种基本标题类型

身为网店商品文案工作者，虽然可以创作出比较优秀的文案，但文案工作者的最终目的是说服大家购买商品。从某种程度上说，商品文案工作者确实要遵循特定法则，因为这些法则不是人为臆想的，而是经过时间检验，已经被证实有效的。表 2-6 所示为八种标题类型，可以帮助文案工作者在设想标题时产生一些想法和创意。

表 2-6　八种电子商务文案标题类型及示例

标题类型	解释	案例
命令式标题	直接告诉目标消费者该怎么做，并用这种方式创造销售	点火烧烧看这张防火材质的优惠券 使你爱车的性能如虎添翼
目标导向式标题	假如你的文案正文中有逐条列出商品特色，那么你就可以用明确的目标导向来写标题	应该加入文字极客社群的7大理由 未来4天，一定要买皮大衣的4个理由
直言式标题	直截了当点明商品宣传点，不玩文字游戏，不用隐喻或双关语	比五折，更劲爆 新品上市，安全理发
暗示式标题	不直接做推销，而是先勾起好奇心，通过文案正文解答读者的疑惑	千万分之一的比例，我们没问题
新知式标题	关于商品的新消息，不妨在标题中说出来	第二代袖珍型新款汽车问世
"如何"式标题	把"如何"放进标题里，这个标题再差也不会差到哪里去	如何有效去除衣服上的顽固污渍
提问式标题	直接提出问题，但要能发挥效果必须使消费者产生共鸣，或是消费者想知道答案的	你有这些装潢问题吗？ 你的牙齿敏感吗？
见证式标题	之所以有效，是因为它提供了某项商品的确能满足消费者需求的证明	妈妈：你工作忙，不用担心我

知识提示

撰写商品文案时，应该尽可能引用消费者自己的话，别画蛇添足地去美化他的用语，因为自然通俗的语言反而更能够提高文案的可信度。

2. 正文写作技巧

网店商品文案的正文写作相对于标题写作来说要简单一些，大部分商品文案正文的内容都是文案标题的解释和展开，如果商品文案的标题为"你的牙齿敏感吗？"，那么正文内容就是针对牙齿敏感问题采取的系列措施，然后推出抗过敏牙膏。

网店商品文案的正文写作，可以尝试以下技巧。

（1）内容具体化

很多商品文案写作者在撰写文案时喜欢走情怀路线，这样能引起某一特定人群的共鸣，但其中一些人难免把路线走偏，到最后也没让消费者明白商品是什么，或者商品能干什么。例如，在网店中出售的智能机器人，它的外观设计得非常可爱，给消费者的第一印象很好，让消费者对它很感兴趣，但是消费者在查看了商品详情后仍然不知道这个机器人的功能是什么，消费者心中留下的印象只有可爱的外观和昂贵的价格，这就是商品文案内容不具体的典型。

消费者在网上购物的弊端就是无法真实接触到商品，对商品的规格大小、材质和功能等无法体验，只能通过文字叙述来大致了解。文案正文就应该针对具体问题进行说明，特别是商品是什么、能做什么、达到什么样的效果等问题，如图2-10所示。

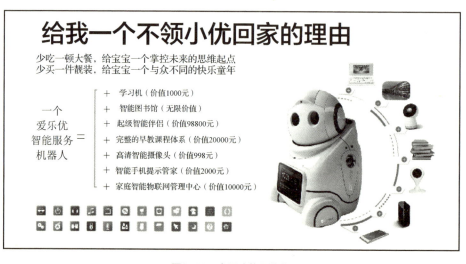

图2-10　商品功能具体化

（2）设置场景

出售商品最重要的就是强调"场景"，让消费者有想象力并同时将自己代入进去，如购买钢笔时，消费者心里想的是自己使用钢笔书写文字的场景，购买枕头时，消费者想的是放松地枕在软绵绵的枕头上的场景……联想场景是消费者的潜意识行为，而网店商品文案就要充分利用这种潜意识行为，引导消费者进入联想状态，只有消费者在场景中代入自己，让自己在场景中"体验"商品，他们的购买概率才会增加。图 2-11 所示的语音助手文案就以"孩子""白领"和"父母"
三个重点人群为对象设置了场景。

- 孩子：妈妈讲的儿童故事总是那几个。
- 白领：工作时想换歌，却不想打断思路。
- 父母：儿子买的智能电视，我不会用。

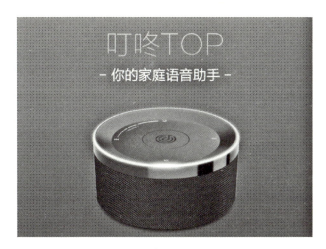

图2-11　为商品设置场景

出现这些场景、这些问题时，他们需要的就是这样一款商品。

　　网店商品文案的正文还要注重消费者对商品的体验感，体验感和场景
往往在一起描述，毕竟网店商品是触摸不到、感受不到的，只能通过场景
来联想使用商品时产生的感受。

（3）赋予情感

　　对商品赋予"情感"的方法很简单，只要针对商品的购买群体、使用群体这
两个群体来写作，就可以很好地抓住情感问题，如父母和孩子、丈夫和妻子、朋
友之间就体现了亲情、爱情和友情三种情感。图 2-10 和图 2-11 所示的两个商
品文案就很好地利用了情感因素。网店商品文案在情感化、体验式的描写上，也
不能渲染太多、使用太多技巧，不然会适得其反，引起反感。

（4）加入数字

消费者对数字非常敏感，如价格、销量和好评率等数字是消费者最关心的问题。因此，在写作网店商品文案内容时可以针对这些来进行。如图 2-12 所示，文案的前半部分没有使用"跌破底价"等文案，而是将近 1 年的活动价格列出来做比较，最后还把本次售价的优势"优惠 300~600 元"提出来，给消费者一个直观的金额对比结果。文案的后半部分同样没有使用"销量领先"等文案，而是直接给出一个具体的销售额"70 万台"。

图2-12　在正文中添加数字

网店商品文案对于电商来说，有着举足轻重的作用。店铺需要装修和推广，才能吸引消费者，这是推广功夫。在推广上下功夫是为了让进行浏览的消费者能够进入详情页选购商品，只有下单成功才是成功的交易。交易是网络购物的最终目的。而详情页做得好不好直接决定着消费者买不买这款商品，决定着交易的成败。因此，文案的作用不容小觑。

// 2.3　网店海报文案写作

网店海报一般是指网店首页海报，其文案主要由主标题、副标题、附加内容等组成，包含的元素有活动主题、广告语和促销信息等。正是因为这些因素，海报文案在撰写上需要更容易吸引消费者才行。网店首页海报的目的主要是为了宣传商品或为店铺增加知名度和销量，因此海报在设计时就已经确定了文案的位置、字体和字号等。

网店海报文案的语言要简洁，烦冗的文字信息会给消费者造成不好的印象，一般消费者在海报上停留的时间不多，不会浪费过多的时间去阅读长篇文字，因此海报文案应该尽量精简。

网店商品海报文案的写作方式可以参考以下几种。

1. 活动主题

很多网店海报都会使用这种方式，海报中只有活动的主题，也就是经常说的海报文案标题。这种网店海报一般只用于展示，店铺的活动内容、活动商品和折扣等信息不会在海报上显示，而被放在其他地方。图2-13所示的护肤品预售活动的海报文案就只有活动的主题——"购提前，才够省"。

图2-13　"活动主题"模式的海报文案

2. 活动内容

网店海报文案中没有活动主题，直接将活动的主要内容作为海报文案标题。图2-14所示的"全场买3免1"即为网店海报文案的主标题，也是活动的主要内容。在主标题下面又添加了副标题和附加内容，同时设置了"活动折扣券"的领取方式，让消费者一眼就能看到活动的内容和折扣的力度，由此来吸引消费者浏览及购买。

图2-14 "活动内容"模式的海报文案

3. 活动主题 + 活动内容

这种模式非常常见，是大部分网店海报文案采用的写作方法。利用这种方式写出的海报文案，活动主题一般是对称的两句标语，活动内容则是具体的折扣、积分、"满减"和"返现"等，有的还会在海报上加上活动的时间。图2-15所示的韩后、阿芙精油的店铺海报，其文案就包括了活动主题、活动内容，此外阿芙精油的海报中还有活动时间。

图2-15 "活动主题+活动内容"模式的海报文案

4. 商品

一般性活动的店铺海报文案都是针对活动来设计的，如果店铺当下主推某一款商品，那么在店铺首页的海报中就可能出现单独某一商品的海报。既然是针对单一商品的海报，文案就应该围绕商品展开，图 2-16 所示的两张商品海报中，前者的文案是针对这一商品的说明、销量、原价和活动价等信息，后者的文案是针对商品套装的说明、原价、活动价、赠品和折扣等信息。商品海报文案和店铺海报文案的写作方法一样，只是针对的对象从活动转为特定商品而已。

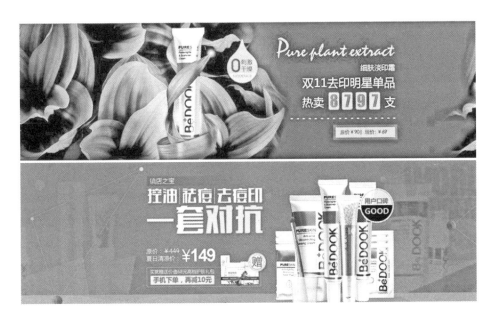

图2-16　"商品"模式的海报文案

5．手机海报文案

淘宝官方公布："双 11"活动中，手机淘宝流量占总流量的 96% 以上。这说明了手机购物的趋势良好，在设计海报时一定还要考虑手机端海报的文案设计特性要求。

手机由于屏幕的局限性，使得文案信息更为重要，如何在小小的界面中用文案来吸引消费者呢？通过图 2-17 所示淘宝"双 11"活动的四张轮播海报，可以总结它们包含的有效信息包括：好货、省钱、爆款、红包、榜单、清仓、中奖率和疯抢等，这些文案信息都是和商品的折扣息息相关的，也是和消费者的利益息息相关的，既然涉及了自己的利益，那么 80% 以上看到这些海报文案的消费者，就有可能点击进入活动会场，这将会有助于提高商品的转化率。

图2-17 淘宝"双11"手机模式的首页海报文案

// 2.4 商品详情页文案写作

网店商品详情页文案的写作方法和海报文案的写作方法不同，海报文案可以针对店铺或商品，而详情页文案则只针对某一商品或某一类商品组合。详情页文案要详细、有特色，要能够充分展示商品的卖点和细节，同时还要兼顾商品规格、使用说明等信息。

2.4.1 商品详情页的组成模块

网店商品详情页是对网店商品做具体介绍的一个页面，包含的内容较多，主要包括：商品规格、尺寸等基本信息说明，商品展示等。下面针对这几个部分进行简单说明。

1. 商品信息

商品的基本信息，包括商品名称、规格、尺码、适宜人群、产地和保质期等信息，根据不同的商品分别进行说明，一般以列举或表格形式展现，如图2-18所示。

2. 商品展示

商品展示区是商品详情的具体展示，结合商品图片、文案等说明信息来突出商品卖点，主要包括以下几个方面。

（1）商品整体展示：场景展示、摆拍展示等。

（2）商品细节展示：各部分材质、图案、做工和功能等。

（3）品牌介绍：标识、店招等（视觉设计）。

（4）包装展示：一个好的包装能体现店铺的实力，让消费者放心地购物，延续体验。

商品信息
a b o u t   p r o d u c t

温馨提示	胸围、腰围、袖围、袖口、下摆等测量数值均为周长
	尺码为手动平铺测量，会存在1～3cm误差，请见谅。

（cm）

尺码	衣长	肩宽	袖围	袖长	袖口	胸围	腰围	下摆
M	77	36	31	56	23	100	104	不限
L	80	37	32	57	24	104	108	不限

图2-18　商品尺码信息

3. 其他

除了上面的信息外，还可以根据店铺的服务特色、商品的性质等，设置其他的模块，如搭配推荐、买家反馈信息和购物须知等。

（1）搭配推荐：根据商品推荐其他搭配商品，也是一种营销手段。

（2）买家反馈信息：选用部分好评作为购买参考。

（3）购物须知：邮费、发货、退换货、衣服洗涤保养和售后问题等。

2.4.2　商品详情页文案的写作技巧

设计构思好商品详情页的组成模块之后，就可以根据每个模块的特点，写作商品文案。商品详情页文案的写作可以使用以下方法。

1. 逻辑排序

逻辑排序是指将商品的卖点按逻辑顺序摆放出来，并对页面进行排列。卖点的逻辑排列方式好坏直接决定了能否引发消费者的猎奇心理。一些大商铺详情页文案在这方面做得比较好。如果展示了商品优点，但还是无人购买，那就是卖点展示得不够充分。图2-19所示为一个皮包卖点的逻辑排序，这种排列把商品的各特点都展示出来了，同时文案非常简练，让消费者一目了然。

2. 鼓动消费者

有些写得比较好的文案，不仅是优点的展示，更是将优点化作一篇说服人的鼓动性文章，让消费者看了就有下单的冲动。在逻辑顺序确定之后，就要开始做大量的修饰，让每个优点的内容得到充实，得到认证，让消费者看了就觉得是这样的。

3. 真人秀

所谓真人秀，就是消费者的认证、认可。在淘宝上，一般是用消费者评论来体现的。图2-20所示为一款VR眼镜商品详情页中的真人秀，文案将优秀的评论和晒图列举到详情页中，并用"达人实力代言"这种肯定的词语加以引导，让消费者信服。

精工细做
优质面料，针脚均匀细密，结实耐用 时尚

毛球挂件
精美装饰，为皮包增加了一丝亮点，不显单调

优质挂钩
采用优质五金挂钩结实 耐用

耐磨包底
底部防磨柳钉，呵护皮包更周到

加固手提
加固手提，使用寿命长。结实耐用

优质拉链
采用优质五金打造拉合顺滑，经久耐用

可调节肩带
肩带可调节设计可自由调节长短随时更换使用风格

图2-19 商品文案逻辑排序

4. 多次修改

任何成功的作品都是在多次修改之后完成的，世界上很多出名的著作也是这样问世的。只有经过多次斟酌、修改的商品文案，才是好文案。网店商品详情页文案也一样，该修饰的地方要修饰，该精简的地方要精简，重复的话不要多说。

图2-20 商品详情页的真人秀

// 2.5 网店营销文案写作

网店营销文案的侧重点在于"营销",而网店海报文案、网店商品详情页文案,都是营销文案的常见类型。写作营销文案,要更偏向于营销,可以利用网络热点、优秀的故事等,让消费者有很强的画面感。

2.5.1　学会网络借势

借势是指企业及时地抓住广受关注的社会新闻、事件等，结合企业或商品在传播上欲达到的目的而展开的一系列相关活动。网店商品营销文案利用网络借势的案例已经屡见不鲜，"明星同款"就是一个典型的案例，它就是利用了名人效应的势来制造的热点和卖点。

网络借势可以从以下几个角度考虑。

（1）借关联商品的势。

（2）借爆款商品的势。

（3）借消费者自身之势。

（4）借热点事件的势。

（5）借名人效应的势。

如图2-21所示，网络上爆发的"皮皮虾我们走"热点迅速被众多网店商品文案工作者借鉴，并将其关联到商品本身，图片中的抱枕、袜子和衣服等都是借用了这个热点的势，这是营销中常用的一种推广手段。

图2-21　网络借势营销

2.5.2 利用关键词营销

关键词营销是目前非常流行和非常有效的网络营销模式之一。和利用前面所说的文案写作思路中的 SEO 搜索引擎优化原理相同，消费者可以通过关键词的搜索得到与关键词相关的商品结果。针对这一特点，在设计商品文案时就可以将文案信息倾向于某一特定关键词。图2-22所示的商品中，涉及的关键词包括爸爸、妈妈等，那么通过搜索"爸爸""妈妈""生日"和"礼物"等关键词，都可以得到下面的商品信息，这就是关键词营销。

图2-22　关键词营销

2.5.3 同音字营销

我国文字具有多字同音的特色，音同意不同的汉字、词语非常多，有时为了表达的需求，会用同音字或音近而字不同的构词方式，创造出另一个新词语，让语言文字更具有丰富性。汉字正是因为具有这样的特点，使表达更加巧妙而富有情趣。同音字营销是经典文案的常用技巧，如图2-23所示。

图2-23　同音字营销

这种技巧在日常生活中就非常常见，如开早餐店的老板将店铺名定为"早点来"，开面馆的老板将店铺名定为"面面俱到"等，这些都是同音字的使用技巧。当然，利用同音字在网络营销文案写作中也是非常受欢迎的一种方法，如同音字在以下商品或网店店铺中的运用。

- 药材好，药才好（"药材"同音）——药店文案。
- 随心所浴（成语"随心所欲"）——热水器文案。
- 别有用芯（成语"别有用心"）——芯片文案。
- 钱途无量（成语"前途无量"）——理财商品文案。
- 默默无蚊（成语"默默无闻"）——蚊香文案。
- 咳不容缓（成语"刻不容缓"）——止咳药文案。
- 泉心泉意，为您服务（成语"全心全意"）——矿泉水文案。
- 生活美味，独具酱心（成语"独具匠心"）——调味品文案。

2.5.4　故事性营销

对于营销的转化率来说，故事的效果是惊人的。消费者越来越见多识广，也对强势推销越来越有免疫力。他们需要被吸引住，而不是被告知应该怎么做。故事之所以效果好，是因为它们触发了消费者的情感，将彼此拉近。事实上，近期一些科学研究已经揭示了故事能触发人们的大脑产生激素，从而使人们产生情感共鸣。

　　营销的故事应该是能引人入胜的，可以偏向于某一特定的情感，图2-24所示的护肤品店铺的首页中就用"妈妈"的故事作为内容引导，在几个典型小故事的引导下引发消费者的感情共鸣，从而达到营销的目的。

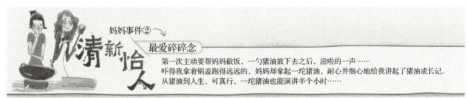

图2-24　故事性营销

　　面对商品时，消费者更倾向于使用情感而非逻辑，消费者对于书面文案的情感反应比文案内容更为强烈，情感反应决定他们是否要购买，积极的情感比理性的判断更能够影响消费者的行为，积极的情感包括欢愉、信任、敬畏、希望、共鸣等。因此在网店商品文案中添加能产生积极情感的故事，可以有效促进营销。

网店文案的常见问题

很多网店经营者把网店文案想得特别简单，认为给商品起一个名字、配上好看的照片就能受到消费者的喜爱，商品也能成功变成爆款。这种想法是很片面的。下面介绍网店文案的几个常见问题。

1. 目的不明

写作商品详情页文案的目的是为了留住消费者。很多店铺在商品详情页上方设置很多关联销售，消费者往往还没有看到商品详情页的文案，就被满屏的包邮、促销和关联销售包围。详情页上可以设置关联销售，但不能设置太多，消费者点击查看商品详情页的主要目的是了解商品本身，如果消费者对这个商品都还没有了解，就被其他关联商品引导，后面又被关联商品详情页中的其他关联商品信息引导，出现恶性循环，最终消费者可能连一个商品都没有了解充分，其购买行为也就不了了之了。

2. 中心不明

在商品详情页文案写作中，最突出的问题就是以商品为中心，而不是以消费者为中心的问题。在讲这个问题前，先简单了解下什么是 4C 和 4P。

- 4C：指消费者、成本、便利性和沟通。
- 4P：指商品、价格、促销和渠道。

很多人在写作文案时，都是使用 4P 理论而不是使用 4C 理论。我们要记住，任何人买东西，不是因为这个东西怎样好，而是首先考虑这个东西能给自己带去的"价值"。例如，消费者购买一瓶水，首先是有对水的需求，那买这一瓶水的价值就是解决口渴的问题。

因此，在写作商品详情页文案的时候，应该把重点放在 4C 上，介绍这件商品能给消费者带去什么好处、有哪些与众不同的地方、能为客户解决什么问题或痛苦等。

3. 言过其实

文案不能只讲商品的优点，有些文案在商品详情页中对商品的优点大肆渲染，但往往言过其实。任何事物都是"物极必反"的，如果整篇文案都在自卖自夸，只讲优点而不讲商品的不足之处，反而会降低消费者对商品的信任度。

商品不可能是万能的，不是什么问题都能解决、什么痛苦都能消除的，因此文案工作者针对优点做介绍时，也应该把不适合的人群、不适合的地方都介绍出来，让消费者了解到商品的多个侧面，增加他们的信任度。

4. 知识匮乏

网店文案工作者不懂营销和促销，不懂商业基本合约，不懂网店平台规则等，这是文案工作者知识匮乏的表现。

（1）网店文案的最终目的就是商品营销，因此文案工作者一定要懂得一些基本的营销方法，如果文案工作者没有学过或者不懂基本的商品营销知识及促销知识，那写出来的文案便没有强烈的感染力和号召力，引不起消费者的购买欲望。

（2）网店商品详情页文案应该包括商品最基本的内容，让消费者看完商品详情页后，能够了解商品的相关信息，如物流方式、售后服务等。如果文案只针对商品信息进行说明，而没有其他的辅助信息说明，那么消费者在看完详情页文案后，他们的疑虑也不能完全消除。

（3）不同平台的各类交易规则不同，同一平台不同时间点的交易规则也不同。规则不断变化，文案工作者也要不断学习，并将学习的成果展示在文案中。

如何从消费者体验角度撰写电商文案

撰写文案时，文案工作者可以把自己想象成消费者，如果自己有商品的购买需求，想想自己最想要了解商品的哪些问题，从消费者体验的角度来撰写网店商品文案。

1. 转换观念

文案工作者是企业商品的最佳推销员。文案不能局限于文字，有着华丽文字的文案不一定是好的文案，只有能提高转化率、促进销售和传递品牌文化的文案才是值得称赞的。一篇好的网店商品文案不是让消费者来欣赏你的文学造诣，更不是让消费者来走马观花的，而是提供强有力的证明，为商品找到独特的利益诉求点，抓住消费者心理，解决消费者所面临的问题，增加其信任感，最终让他们做出购买行动。

2. 创意独特

文案工作者应该以行业高标准来要求自己，针对商品特色打造具有独特创意的卖点。创意不难寻，它就隐藏在你的生活中，隐藏在平时的积累中。善于洞察事物，发现其独到之处，点滴累积，终归是有收获的。

3. 分析商品

只有真正结合商品，分析商品的定位（消费者群体、商品的特质），才能更好地利用文案向消费者展现商品。转换自己的角色，站在消费者的角度思考、归纳商品的特色和消费者利益诉求点，消费者才会乐于去阅读网店商品文案，才会想了解商品，并最终接纳商品。

4. 换位思考

消费者进入店铺，必然是带着难题来的。文案工作者要参透目标消费者，站在消费者的角度思考其所面临的难题，帮助消费者解决难题，能够参透消费者心中的诉求，让他认为这就是他想要的。心里产生共鸣的消费者还有什么理由不购买商品呢？

5. 让消费者采取行动

想要撰写出有吸引力的网店商品文案，必须站在消费者的角度尽可能地挖掘其情感和欲望。结合实际，把商品和消费者的问题融合在一起，获得更大限度的消费者认同。如果网店商品文案如上所述解决了消费者所面临的问题，消费者就会果断地采取行动。

习题与实训

一、选择题

1. 网店商品文案的类型不包括（　　）。

    A. 商品详情页文案　　　　　　B. 海报文案

    C. 店铺首页文案　　　　　　　D. 营销文案

2. 下列对网店商品文案写作流程的描述中，错误的是（　　）。

    A. 首先应该进行市场研究，了解商品，了解受众，了解市场

　　　B. 市场调研的结果都应该展示在文案中

　　　C. 研究资料时应该提取有效信息使用

　　　D. 文案资料应该建档保存

3. 网店商品受众指（　　　）。

　　　A. 购买者　　　　　　　　　　B. 使用者

　　　C. A 和 B　　　　　　　　　　D. A 或 B

4. 网店文案标题的作用为（　　　）。

　　　A. 吸引读者　　　　　　　　　B. 引导读者

　　　C. 筛选读者　　　　　　　　　D. 以上都是

5. 激发消费者好奇心的方法为（　　　）。

　　　A. 利用幽默的语言、让消费者猜谜等形式

　　　B. 可以提出一个问题、发起一段挑战

　　　C. 承诺提供奖赏、新消息或有用的信息等

　　　D. 编撰一个故事

6. 下列选项中，不属于基本标题类型的是（　　　）。

　　　A. 同音字标题　　　　　　　　B. 暗示标题

　　　C. 目标导向标题　　　　　　　D. 疑问标题

7. 下列关于网店商品文案正文写作方法的说法，错误的是（　　　）。

　　　A. 所有文案正文都要足够丰富、详细和具体

　　　B. 详情页文案正文要对商品信息进行充分说明

　　　C. 海报文案的语言要精练

　　　D. 营销文案要偏于营销

8. 下列利用网络借势的网店商品标题文案中，属于热点事件借势的是（　　　）。

　　　A. ××同款卫衣 2017 年秋季最新运动套装

　　　B. "香菇蓝瘦"创意公仔

　　　C. 韩国东大门爆款潮牌包包

　　　D. 情侣最佳礼物女款手表

二、问答题

1. 什么是网店商品文案？它包括哪些类型？

2. 简述网店商品文案的正文写作技巧。

3. 简述写作网络营销文案的方法。

三、课后实训

1. 熟悉淘宝、天猫和京东等网络销售平台。

2. 查看各平台海报文案的特点和区别。

3. 查看各平台某一特定商品详情页的模块，以及文案中各模块的特点及区别。

4. 尝试为"保温杯"编写一套商品文案，包括网店商品海报文案、商品详情页文案和营销文案。

03 Chapter

微信文案

　　微信公众号、微信朋友圈是微信营销的重要领地。很多大型企业利用优秀的微信文案取得了不错的营销业绩。下面让我们一起学习微信文案的写作方法。

要点提示

- 微信文案的特点
- 微信文案的写作方法
- 微信文案的写作技巧
- 微信朋友圈文案的写作
- 微信公众号文案的标题、正文写作

花开了，我便画花；花谢了，我便画我自己

"绘客"是人民邮电出版社的一个专门用于发布绘画资讯、绘画图书和绘画活动的微信公众号，其推送的消息都与绘画有关，围绕绘画展开。

从"绘客"微信公众号可以看出，公众号发布的消息类型主要包括三大类：文字（链接）、图片和文案。其中"文案"消息又由标题、封面和摘要组成，如图 3-1 所示。

微信公众号文案比较随意，没有特定的表达方式和表现手法，但一定要能够引起读者的兴趣才行。例如：

"你从未见过如此逼真的水彩手绘"。

"花开了，我便画花；花谢了，我便画我自己"。

标题摘要从读者的好奇心切入，让读者对文章内容产生兴趣，并点击文章进行阅读。

"春花烂漫，夏花绚烂，秋花静美，冬花简淡。"

（a）

图3-1 绘客公众号

（b）

（c）

图3-1　绘客公众号（续）

　　之后结合不同类型的花卉开始介绍，这在满足读者好奇心的同时，还能让读者学到一定的绘画知识。

　　"绘客"公众号是典型的学习类公众号，它的文案编写相对要正式一点。除此之外，还包括分享类、吐槽类等公众号，其文案要轻松很多，大家可以多看、多学、多研究，找找它们的不同。

微信是腾讯公司于 2011 年 1 月 21 日推出的一个免费应用程序，可以通过网络快速发送语音短信、视频、图片和文字。同时，还可以通过其服务插件"漂流瓶""朋友圈""公众平台""小程序"等，共享资料和媒体内容。

现如今，微信被使用得越来越频繁，微信逐渐融入人们的生活。在新媒体时代中，微信已经成为我们生活不可或缺的一部分，也正是因为这样，微信文案的重要性也日益显现。

// 3.1 微信文案的基础知识

微信的众多服务插件中，微信朋友圈、微信公众号等已经成为信息传播、资源共享的重要途径。编写一条优秀的微信文案可以在朋友圈、微信公众号中获得关注者的点赞、评价和转发。运营微信朋友圈和微信公众号，是以获得关注度为目的的，最终还能通过特定途径实现价值。

3.1.1 微信文案的定义

微信文案就是在微信中发布的文字、图片等信息。微信中有很多插件都可以实现信息发送共享，如好友消息群发、微信朋友圈和微信公众号等。本书主要就微信朋友圈和微信公众号两个服务插件进行文案知识的讲解，各插件的受众、文案、功能等信息如表 3–1 所示。

表 3–1　微信朋友圈和公众号的相关知识

插件	受众	文案	功能
朋友圈	微信好友	文字+配图+点开全文	点赞、评论
公众号	公众号粉丝	消息：标题+摘要+配图 内文：正文+配图+排版+阅读全文	关注、点赞、留言、转发、打赏

微信文案的写作和网店商品文案的写作方法不同，微信文案在设计时要考虑四个不同层次的问题，具体为战略、体验、内容和表达。

1. 战略

不管是微信朋友圈还是微信公众号，都要有一个战略定位，也就是说发送的微信文案必须围绕一个关键信息点来展开，如美食、旅游、房产、创业、职场等。

如果只是想在微信里分享生活点滴，那文案就应该保持原创，少分享，少发广告；如果想做文案信息的中转站，那就应该从各个平台上筛选、摘取、转发各类优秀的文案信息，但同样应该围绕一个主题展开。

知识提示

　　原创的信息更容易受到关注，如果不能维持原创，也可以选择摘取、转载等方式运营微信。从众多信息中筛选有效信息就是转摘运营的一种有效方法。但值得注意的是，信息的版权问题应该得到重视，一定要经许可后再转发。

2. 体验

有了定位，就有了方向；有了方向，就有了想要的结果。体验就是想要的结果。

简单来说，体验就是微信文案最终能让读者感受到什么，通过阅读能得到什么样的结果，是否能引起读者共鸣，是否能得到价值认同，这一系列的问题，就是在确定战略定位时想要得到的结果。要从这些问题出发来运营微信，编写微信文案。

3. 内容

有了定位和结果，如何填充内容就成了关键。为了让读者得到好的体验，到底应该编写什么样的文案内容？应该契合大多数人的阅读习惯，还是应该强调少数人的阅读选择？应该用幽默风趣的方式表达情感，还是应该采用专业的方式表达内容？这些都是值得思考的问题，也是编写微信文案内容时要着重注意的地方。

4. 表达

如何用合适的词汇语句将内容表达出来，这涉及具体的词汇选择等问题。

3.1.2　微信文案的特点

微信文案可以简洁如朋友圈，也可以丰富如公众号。想要了解、编写微信文案，首先应该弄清楚微信文案和其他文案有什么区别，它的特点是什么。

1. 形式多元化

微信已经从单线的聊天平台逐步转变为多元化平台，它涵盖了许多插件，如扫一扫、摇一摇、微信朋友圈、微信公众号、小程序等，也包含了多种功能，如微信支付、微信理财、微粒贷借款、生活缴费、城市服务等。这一系列的插件、功能足以说明微信是一个多元化的平台，微信的多元化影响着微信文案形式的多元化。

（1）朋友圈文案

2014 年以前，朋友圈是发布微信文案的主阵地，它是一个个人化的平台，通过分享趣味性的内容、社会热点、个人感悟、咨询求助和专业知识等内容来进行推广。

朋友圈仅好友可以查看，所以一天更新的朋友圈文案不宜过多。朋友圈文案首先要尽量口语化，不要使用过多的专业术语；其次，每句话不要太长，最好保持在 20 个字以内，如果文字太多，需要使用标点符号隔开；再次，段落不能太长，保持一段 5~7 行最佳，段落长短要有变化，不能让读者感觉乏味。如图 3-2 所示，左侧为某出售多肉绿植商家的朋友圈文案，右侧为微信好友的朋友圈文案。

图3-2　朋友圈文案

从某种角度来说，微信朋友圈是私密的地方，朋友圈代表了微信账号使用者的个人风格，微信好友可以通过朋友圈所发布的文案内容来判断该好友是否值得信任。所以编写朋友圈文案时要注意，文案应该正能量一点，少发消极、抱怨、心灵鸡汤或成功学等内容。除此之外，也不要发布其他不良信息，如果有不良信息被举报，轻则被封掉微信号，重则受到法律制裁。

（2）公众号文案

公众号是微信文案的主战场，微信公众号包括订阅号和服务号两种类型，这说明微信公众号既可以由个人独立运营，也可以由企业聘请专业的文案写手来运营。微信公众号的文案写手应该具备专业的文案策划和撰写能力。

公众号发布消息的模式一般有两种，一种是群发短消息，另一种是推送文案。如图 3-3 所示，左侧为公众号给所有关注者群发的短消息，右侧为公众号推送文案的查看界面。

图3-3　微信公众号文案

（3）阅读原文

在查看微信公众号推送文案时，可以发现大多数文案末尾都有"阅读原文"的标志，如图3-4所示。由于微信文案中不能放置超链接，所以只能通过文案最后的"添加原文链接"的功能来实现超链接添加。单击"阅读原文"超链接后，就可以打开文字链接的网页，该网页大多是公众号主体的官网、商品销售网站等与文案相关联的网页。为了使读者能进入网页查看信息，一般会在"阅读原文"超链接附近添加"猛戳""点击""！！！"等醒目的文字和标志进行提示。

图3-4 公众号文案中的"阅读全文"

2. 传播效率高

在微信里推广商品，传播效率比较高，因为微信是一种即时通信工具，商家在朋友圈里面发布信息，消费者可以在任何时间任何地点查看。而且消费者在查看企业的微信公众号推送的信息时，一次只能看一家企业推送的信息，从而保证消费者在查看信息时的专注度。

同时，微信的这种实时推送以及一对一查看的方式，确保了每位消费者都能看到企业推送的信息，从而实现百分之百的到达率。

3. 转化率高

直接发送广告对所有商家来说都是最容易的营销推广方式，但目前消费者对广告普遍存在一种排斥心理。如果直接发广告，会引起消费者的反感，即便是拥有众多忠实粉丝的品牌也会因此而失去一部分客户。而微信文案可以很好地解决这个问题，它可以通过图文并茂的描述或诙谐幽默的故事巧妙地引导消费者，让消费者自然地接受并主动寻求更多的内容，这大大提高了消费者的接受程度，增加了转化率。

而且，消费者看到感兴趣的内容还会主动分享到自己的朋友圈和微信群，特别是一些促销活动和打折信息。这样就形成了一传十、十传百的效果，形成了一个不断扩散且范围广泛的交流圈，增加了很多额外的客户。

// 3.2 微信文案写作

好的微信文案不是极力说服他人接受，而是通过多种方式表达诉求，让消费者接纳，吸引消费者购买。

3.2.1 微信文案的写作方法

微信文案的写作可以参考以下几种方法，分别是核心观点罗列法、各个击破法、倒金字塔法、故事引导法等。

1. 核心观点罗列法

核心观点罗列法即先将核心观点单独列出来，再从能够体现观点的方方面面来进行扩展讲述，这样可以使文案始终围绕一个中心来表述，不会出现偏题或杂乱无章的问题，还会加强文案对消费者的引导。

2. 各个击破法

各个击破法是根据要推广的内容，将商品或服务的特点单独进行介绍。写作过程中要注意文字与图片的配合，充分对商品或服务的卖点进行介绍，通过详细的说明和亮眼的词汇吸引消费者的注意。

3. 倒金字塔法

倒金字塔法是写作中最常用的一种方法，也就是按先重要后次要的顺序来写。在生活和工作节奏越来越快的今天，读者已经很少有耐心看长文案，因此，写文案时就可以采用倒金字塔的写法，先将文案的精华浓缩在文案开头，然后在后面的内文中依次围绕开头的内容展开解释和说明，最后总结即可。

图3-5所示的"顶尖文案"和"日食记"的公众号文案就是采用了倒金字塔写法。

图3-5 倒金字塔文案写法

倒金字塔法在很多文案写作中都可以被灵活运用，它具有以下优点。

（1）可以快速写作，不为结构苦思。

（2）可以快编快删，删去最后段落，不会影响全文。

（3）可以快速阅读，无须从头读到尾。

4. 故事引导法

故事引导法是通过讲述一个感人、悲伤、喜悦的故事，让读者充分融入故事情节中，跟着故事的发展阅读下去，在文案结尾，再提出需要营销推广的对象。采用这种写作方法一定要保证故事有趣和情节合理，这样才能使故事有看点，方便推广对象的植入。图3-6所示为"环球文摘经典"和"好好吃饭"公众号中的文案，开头就是用故事引入的。

早上路过一个院子，看见门上挂一块牌子，牌子上面有两个字——"情人"，突然觉得这个院子主人很有趣，于是轻轻推门进去，结果，还没走两步，突然从旁边冲出来两只大狼狗……

从医院打狂犬疫苗回来，再揉揉眼睛仔细看了看那块牌子，才发现上面的两个字原来是"慎入"。保护眼睛，刻不容缓。别老捅咕那破手机了……

成都有一位号称"成都留几手"的点评吃客，其辛辣牙尖的美食点评与那些千篇一律的"人口化查""价廉物美"的留言文风截然不同，可谓吊打小清新、直接透过浮躁表象看本质。这位网名"迷你红唇"的吃客本名杨杰，他用自嘲的生活态度把吃过的餐厅都浓缩成了100字短篇小说，在他的文字里，收银小妹、顾客大爷、金链子食客都生动了起来，每个人物都在为餐盘里的食物增添欲说还休的故事。

图3-6　故事引导法

3.2.2　微信文案的写作技巧

朋友圈文案和公众号文案都是由文字和图片组成的，其中朋友圈文案一般不设标题，当文案内容太多时，可能会在文案最前面用单独一行来设置文案的标题，且为了醒目，可能还会添加一些符号，如【九寨沟旅游季】【房市横盘啦】等。而公众号文案除了设置标题外，还有缩略图、摘要等内容。下面简单介绍微信文案的写作技巧。各部分的详细写法将在后面依次讲解。

1. 微信文案标题的写作

好的标题可以引起读者的兴趣，引导读者阅读内容，下面把微信文案的标题类型分成4种，具体如表3-2所示。

文案标题可以在第一时间吸引读者的眼球，引起读者的阅读兴趣。这也决定了你的文案能否被读者广泛传播。那么，好的微信文案标题必须具备哪些特点呢？

表 3-2　微信文案标题的类型

标题类型	解释	案例
直言式标题	简单直接地表达文案主题，读者看一眼就能明白文案主题	"离开学仅剩4天，江西3名孩子不幸身亡！家长们快来看看""【折扣】七夕斩男装，约会百搭裙39元起"
提问式标题	通过提问方式，引起读者共鸣，启发读者思考，并探索问题的答案	"如何第一时间得到医生方案？""为什么你才20岁，就觉得人生特别没意思？"
猎奇式标题	利用新鲜感、好奇心等猎奇心理来引起读者的阅读兴趣	天呐！章子怡竟然爱上"恐怖墨水装"！
惊吓式标题	通过惊吓的方式吸引读者兴趣，但值得注意的是，这类标题在写作时可以适当夸张，但本质还是应该实事求是	震惊！充电玩手机，手机易爆炸！还在用公共Wifi？小心你的银行卡信息！

（1）主题鲜明

标题是对文案内容的高度概括，要使人们看到标题就能理解文案的具体内容是什么，因此，标题必须结合文案主题且要鲜明，而不能与内容毫无关联。如果目标受众看了半天也没有搞清楚主题的内容，那就没有心情去看内文了。记住，不管标题还是文案开头，你只有 30 秒时间留住消费者。

（2）简明扼要

研究表明，文案标题以7~15字为宜，我们虽不能将这个标准作为硬性的规定，但还是要坚持简洁明快的原则。

（3）远离标题党

文案标题的内容应是具体实在的，而不能含糊其词或过于抽象，或者为了博人眼球而故作离奇，那是标题党的做法，消费者的体验非常不好。即使我们以此吸引了大量消费者，但那也不是目标受众，是无效流量，因为标题党是网民非常痛恨的。

（4）个性独特

标题要有个性，要有独到之处，才有刺激性和吸引力，因此，文案标题要有创意。要知道文案不怕雷人！

（5）引人注目

标题的内容只有与消费者的心理需求联系起来，诱发他们的关心、好奇、喜悦等情绪，才能充分发挥宣传效果。因此，标题在字体、字号和位置等各方面，都应考虑视觉化和艺术化，要能引起人的注意。同时，对不同的宣传对象，标题的拟写也要有针对性，不可离题，这样才能充分发挥文案的说服力。

（6）契合网络文化

网络具有自己独特的文化特性，如娱乐化、扎圈、草根、互动等。网络营销文案尤其是网络推广传播文案更需要契合网络文化和网民的心理特征。

（7）契合 SEO

在搜索为王的网络时代，搜索引擎营销成为主流方式，而 SEO 作为免费的 SEM 手段更为重要。有时候文案主要就是为 SEO 服务的，所以我们需要考虑 SEO 对于文案标题的一些标准。首先是标题字数不要超过 30 个字，其次是标题要含有要优化的关键字，这样才能被搜索到。当然高级技巧就需要考虑搜索引擎的中文分词技术。

2. 微信文案正文的写作

编写微信文案的正文，可以比较随意，一般只要逻辑没有问题、不影响正常阅读就可以。微信文案的正文可以正式一点，也可以随意一点；可以偏向生活，也可以偏向娱乐；可以和现实贴近，也可以契合网络。总之微信文案的正文按微信定位来展开即可。

编写微信文案正文，可以从 4 个方面考虑。

（1）选题：选题要足够新鲜，也要足够创新。

（2）内容：内容尽量简单，要便于阅读，这种简单还体现在内容结构设置上。

（3）消费者：消费者群体一定要很集中，这也是微信定位的原因。

（4）传播属性：有的文案和选题具有天然的传播属性，可以让读者主动传播，如健康类的、生活类的、搞笑幽默的选题等。

3. 微信文案配图

微信文案还涉及配图问题，不管是公众号文案还是朋友圈文案，都可以加上适当的图片进行修饰。为微信文案搭配的图片一定要和文案有一定的关联。例如，讲解美食的微信文案，可以配上美食图片；介绍旅游的微信文案，可以配上风景等图片。

除了贴合文案主题的配图外，还有两种典型文案的配图。

（1）心情分享类文案：这类文案的配图可能和文字本身没有什么关系，仅仅是因为图片好看，和文案的整体风格能搭配而已。

（2）吐槽类文案：这类文案的配图就比较随意，可以是网络图片，也可以是表情包等。

有的微信文案实在不知道如何配图，就将文案的关键字或关键词做成一张图片，图片里面就一个或多个词语，以此来突出主题。

// 3.3 微信朋友圈文案写作

微信朋友圈文案的写作方法有多种，如纯文字型的朋友圈文案、纯图片型的朋友圈文案、文字＋图片的朋友圈文案、表情包＋图片的朋友圈方案等。下面介绍两种不同类型朋友圈文案的写作方法。

3.3.1 纯文字朋友圈文案

微信朋友圈中的纯文字文案对字数有一定的要求，在一定的字数、行数的情况下，文字可以全部显示；超过一定的字数、行数则折叠显示，读者可通过"查看全文"进行查看，具体有如下规则。

（1）5行内全显示；超过5行且少于200字，5行外用"更多"代替。

（2）超过200字，用链接形式单击打开新窗口显示。

（3）字数最多不能超过700字，超过的不能被发表。

由于微信朋友圈纯文字文案字数的限制，我们必须在有限的字数内将主要信息表达清楚，同时还要运用一些表现手法来引起读者的兴趣。如图3-7所示，左图引用了一段与快递员之间的趣味对话，右图则运用了一种非常有画面感的手法。

图3-7 纯文字朋友圈文案

3.3.2 "文字＋图片（视频）"的朋友圈文案

"文字＋图片"的文案形式在朋友圈里最为常见，大部分发布朋友圈文案的人都会配上一张或多张图片进行修饰。视频运营的兴起，手机视频 App 的发展，也使微信朋友圈中的视频功能得到了更多应用，"文字＋视频"的文案形式也逐渐被大家接受。如图 3-8 所示，左侧为"文字＋图片"的文案类型，右侧为"文字＋视频"的文案类型。

图3-8　"文字+图片"和"文字+视频"微信文案正文

这两种形式下的朋友圈文案写作比纯文字的文案写作更为简单，很多文案内容可以通过配图或视频来说明。如果文案的文字太多，但我们既不想将文字折叠起来，又想让读者第一时间得到有用信息，那么可以将文案制作成图片，这样浏览的人就可以通过图片看到全部文案信息，如图 3-9 所示。

图3-9　文字图片的文案

知识提示

微信的推广促进了微商的发展，很多微商利用朋友圈、公众号进行商品营销，如在朋友圈里发布试用信息、商品广告、活动等文案。微商的朋友圈文案有一个比较典型的特征，不管发布什么内容，都喜欢用"表情"来修饰文字。例如，图3-8中右侧的口红商品文案，用了红唇和感叹号，这种文案在视觉上更能引起读者的注意。

文案欣赏

图3-10所示为两个在朋友圈进行商品推广的朋友圈文案和配图，左图是典型的营销文案的写作方式，用方头括号加文字表示文案标题，换行做详细介绍，最后给出地址并配上商品图片，内容详细，图文对应；右图则是比较文艺的文案写法，用几句诗来渲染意境，配上商品图片。

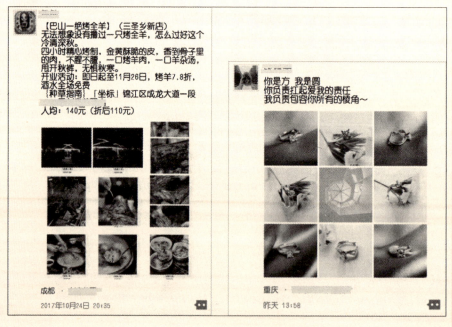

图3-10 朋友圈的营销文案

// 3.4　微信公众号文案写作

　　微信公众号文案的组成部分比较多，每个部分都要经过精心设计才能受到读者的喜爱和关注。文案的封面是读者第一眼看到的推送内容，包括封面缩略图和文案标题。进入文案内容后，内容中的详细文案和配图要和封面的配图、标题、摘要等相互呼应，注意不能做标题党。图 3-11 所示为某两个微信公众号推送的文案消息。

图3-11　某两个微信公众号推送的文案

3.4.1　公众号文案标题

　　公众号文案的标题一定要足够吸引读者，在编写标题时我们可以引入新闻热点、名人名言，也可以直接加入数字或体验式的语句。下面介绍几种标题的写作技巧。

1. 名人与热点

　　公众号文案标题可以用多种形式编写，但在标题中加入名人名言，更能引起读者的好奇。加入具体的人名后，文案的指向更明显，有助于利用大家的从众心理引起大家的阅读兴趣。

　　除了在标题中加入名人名言外，还可以加入新闻和热点。契合网络文化，联系网络热门事件、热点话题、网络流行语等，都能使标题脱颖而出。例如，"蓝瘦香菇""反正我信了""算我输""我们""这是我女朋友""哎呀妈呀咔咔的"等，都可以借用。但要记住的是，一定要关联文章主题，否则就成标题党了。

表 3-3 所示为标题中添加名人和热点的前后标题对比，可以发现后者更吸引人。

表 3-3　在标题中加入名人与热点

元素	原标题	最终标题
名人	《人生最重要的5个习惯》	《鲁迅坚持了一生的5个习惯》
	《油腻的中年男人不好当！》	《俞敏洪谈中年油腻男人：中年男人不好当》
	《钱真的能带来快乐吗？》	《刘强东：钱不能带来任何快乐》
热点	《川菜真的很好吃》	《为川菜疯狂打Call》
	《坚持健身还会瘦不下来？》	《坚持健身啊！瘦不下来算我输！》
	《免费的风景总结》	《哎呀妈呀咔咔的，风景美成这样还不收钱》

2. 官方与权威

官方和权威认证具有使人信服的力量，让人对结果不产生怀疑，使人产生阅读欲望。例如，《央视都报道了，你竟然不知道》《NASA 一直没有对外公布的信息》等。

3. 善用数字

数字给人一种理性思考的感觉，使用数字可以增加事情的可信度，能激起读者强烈的阅读欲望，如"5 分钟去除黑眼圈""一斤可卖 100 元！是什么？"，还有"一生必看的 10 本书""一生必看的 10 部电影"等。

这类标题能让人感觉到内容的质量，在信息量如此多的环境下，人们精力有限，无法一一看完每一篇文章，而想用有效的时间、低成本的方式来获取有价值的东西。这类标题能激发人们打开文案获取有价值东西的欲望。图 3-12 所示即为在标题中加入数字的效果。

4. 融入体验

体验式话语的标题是指站在读者的角度来编写标题，让读者来阅读和分享文案。例如，自己觉得好，想分享给周围的朋友，就可以加上自己的感受，如"大多数人看了都流泪了的一部电影""1 亿人都知道的一个事实""唱哭无数人的一首歌"等。体验感越强，标题文案就越吸引人。

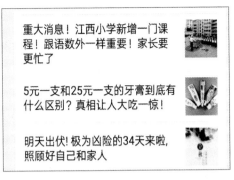

图3-12　在标题中加入数字

5. 引导和对比

通过对比，可以吸引读者对当前事物的某个特性进行了解，给读者提供与对立事物的认知，引起读者注意。例如，"震惊！有一种速度比科比还快，快到家了！"。

另外还可以使用对比的方式来列标题，例如"少不入川，老不出川""晚报不晚报"等。除此之外，还可以加一些暗示性的语句，虽然在传统保守派看来比较激进，但是在网络上，可能就比较符合网民口味。

3.4.2　公众号文案封面

一篇文案的标题是否具有吸引力、是否能够引起读者的共鸣，是决定这篇文案点击率的关键。而在公众号领域，除了文案的标题，另一个对文案的点击率有极大影响的因素，也是运营者在发文前都不得不做的一步——文案封面的选择。

文案封面是我们俗称的头图。一篇文案的内容方向除了可以通过标题以文字的形式表现出来外，也能够利用一张900像素×500像素或是200像素×200像素的图片加以展现。而在绝大多数情况下，图片对于视觉的吸引力要远远超过文字。

文案封面是对微信文案内容的说明和体现，有创意和视觉冲击力的文案封面可以快速吸引读者眼球，让读者把注意力停留在封面上，并产生进一步阅读的欲望。需要注意的是，文案封面要体现文案的主题，不能出现图文不符或单纯为了吸人眼球与内容不匹配的封面。

文案封面有两种类型，分别是主题式封面和文字式封面。

1．主题式封面

主题式封面是将公众号中文案所有的主题内容显示在封面图片上，如活动主题、活动内容和与标题对应的主题图片等，如图3-13所示。

图3-13　主题式封面

主题式封面并不仅仅体现在公众号图文消息的单条消息上，有的公众号每天发送的消息中包含多条消息，所有文案的配图都有一个相同的主题，通过相同的主题图片来体现文案的标题和内容，如图3-14所示。

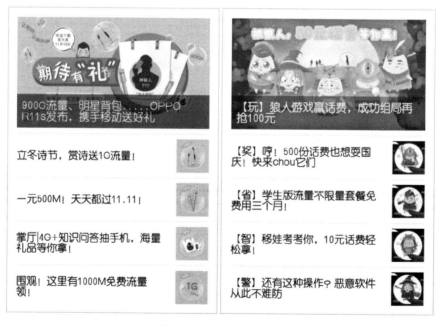

图3-14　图文文案主题统一

知识提示

　　默认情况下，微信公众号每天只能推送一次消息，每次推送的消息可以是文字信息、图片信息和图文信息，其中，图文信息最少需要一篇图文文案，最多不得超过 8 篇图文文案。如图 3-15 所示，左侧图片为推送的一条图文文案，右侧图片为 5 条图文文案，大图为主要图文文案，下方的为次要的图文文案。

图3-15　单条图文文案和多条图文文案

2. 文字式封面

　　文字式封面也比较常见，有的配图不能很好地和文案标题配合，这时可能就需要使用纯文字式的封面配图。如图 3-16 所示的两条公众号推送消息，左图直接用黑色底纹、黄色文字设计了消息的文案封面，文字"下架"贴合该文案内容的文字颜色及背景颜色，更能给读者带来震撼的效果；右图同样使用了纯色底纹和黄色文字，对比强烈，用纯文字制作文案的封面，强调了当前活动的内容。

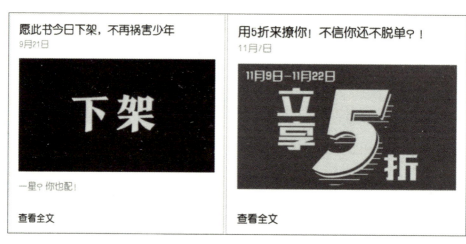

图3-16　文字式封面

使用纯文字式的封面时，文字可以是一个词语，也可以是一个成语，甚至是词语或成语的集合（如图 3–15 中左图的消息封面）。如果想要表达主题，封面的文字一定要简洁精练；如果是想增强设计感，则可以用丰富多样的方式来展开。

3.4.3　公众号文案摘要

微信公众号文案分为单图文和多图文两种。微信公众号推送消息时，如果推送的图文文案大于等于两条，将不显示文案的摘要；若只有一条消息，摘要就会显示在封面的下方。

摘要就是文案封面下面的引导性文字，其作用是引导读者了解文案主题。摘要可以是直接阐述式的文案，也可以是提问式的文案。一般情况下，单图文的文案结构包括标题、缩略图、摘要和查看全文，摘要字数一般为 50 个字。

摘要可以分为以下两种。

● 内容 + 见解：这种形式的摘要主要适用于内容质量不是特别高的文案，采用这种方式来诱导读者打开文案阅读，提高阅读量，如新闻、热点事件、营销软文、娱乐、兴趣等。

● 主题 + 见解：这种形式的摘要主要适用于质量很高的文案，读者需要精读。读者先通过摘要理解文案的主要内容，然后去精读，吸收文案的精华，如研究报告、干货、攻略、数据调查、演讲原文等。

写摘要一定要简洁，如果摘要的文字内容太多，会让读者产生视觉疲劳。图 3–17 所示的两篇公众号文案，摘要内容都过多。读者在浏览时，看到的依次是图片、

图3-17　过于繁杂的摘要文案

标题、摘要。如果摘要过多，很容易引起读者的阅读疲劳，使他们失去浏览文案正文的兴趣。

3.4.4　公众号文案正文

公众号文案正文的编写相对来说就要自由很多，可以简单地阐述，也可以分门别类地总结。下面分享两种微信文案的正文写作方式——阐述和反转。

1. 阐述

阐述就是徐徐道来，就像平常说话一样慢慢地将话题由浅入深展开，或者将正文内容按条款依次罗列。阐述并不单指叙述一种方式，它可以是反问，也可以是提出疑问，抛出问题引导思考，然后解决问题。图3-18所示为两篇阐述式的微信公众号文案。

2. 反转

从表现方式来看，反转的方式要比阐述的方式有趣，反转式的文案正文内容和标题表达的意思反差极大，甚至完全相反，这样给读者的冲击力比较大。例如，大家都喜欢正能量的心灵鸡汤，但是当网络上开始用"毒鸡汤"来反驳正能量的心灵鸡汤时，大家对"毒鸡汤"的共鸣非常大。举几个反转式文案的典型案例。

- 你以为有钱人真的快乐吗？有钱人的快乐你想象不到！
- 先定一个小目标，赚他一个亿。

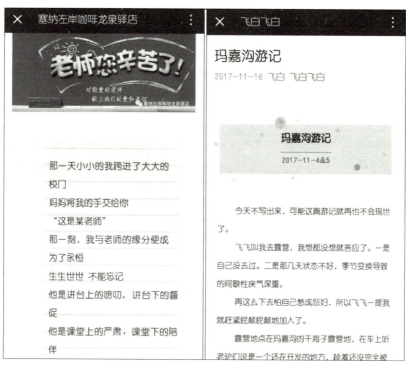

图3-18　阐述式微信文案正文

- 生活不止眼前的苟且，还有远方的苟且。
- 平庸的外表让你万事开头难，然后中间难，然后结尾难。

在微信公众号中也经常使用正文内容和标题的反转，如图3-19所示，（a）（b）为大家推荐国庆冷门景点，但正文却给大家来了个反转，所有景点都是"人很多"；（c）跟大家道歉，因为商品的质量太好了，大家一直用就没想过更换。

知识提示

　　微信公众号文案的排版一定要美观大方，要第一眼就带给读者简洁、大气、美观的印象。一般情况下，建议排版不要太花哨，文字的颜色不要太鲜艳，不要超过三种，最好是以淡色调为主。排版上要主次分明，结构层次清晰。如果对排版不了解，也可以借助第三方微信排版工具进行排版。

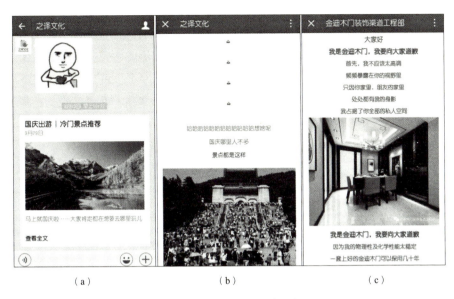

（a）　　　　　　　　　（b）　　　　　　　　　（c）

图3-19　反转型微信文案正文

拓展
阅读

如何编写微信朋友圈营销文案

微信营销是很多商品销售商喜欢选择的营销方式之一，电商营销的途径通常是共同存在的，如网店店长会在商品营销时想到微信这一途径，也会想到微博和软文等途径，这里重点介绍微信朋友圈营销文案的编写方法。

怎样玩转微信营销呢？首先，我们应该对消费者的阅读时间有总体了解，如消费者群体在什么时间段的阅读量多、文案在什么时间更能引发共鸣等。其次，还应该拟一个吸引人的标题，如"如何用15秒打动对方？""都学学，感冒就要多喝水，多少'常识'误导你""金秋吃螃蟹的7个'禁忌'""吃一辈子核桃，居然不知道"等，要多看、多想、多分析。

1. 整合圈子、选对商品。

朋友圈的存在是让朋友了解动态，你需要通过朋友圈告诉好友你目前正在进行商品营销，而不是商品的促销推广。当朋友咨询商品的时候，你要让他们明白这是"朋友价"，而不是"促销价"。

要想在朋友圈进行营销，首先要明白微信好友主要是哪类人。例如，朋友圈的好友都围绕科技商品进行讨论，那用微信做化妆品代购就不合适。所以，你需要整合圈子，你原来的朋友圈可能远远不能达到你的要求。如果你是代购化妆品的，你需要去化妆品贴吧、论坛、QQ群、微博、网站等扩展人脉圈子，不断地在这些地方交流、学习、发帖、回复，如此，分散在网络各个地方的爱好化妆品的人群就会通过各种途径不断融入你的圈子里。当然，如果你能建立专属的QQ群、微信群，那将会更好。这样可以形成以你为核心的主圈子和以主圈子里骨干人员为核心的次圈子。当主圈子里有信息时，这些信息会被扩散到次圈子里。

世上没有一步登天的方法，这个积累过程是漫长的，但是你圈子里的人会不断增多，"纯度"会不断提高，同时你的专业知识也在不断增加。

2. 打造"朋友＋专家"的形象

当你买计算机时，你多半会找一个比较懂行的朋友陪着你挑选，而且他的建议你多数会采纳。这就是"朋友＋专家"的威力。你也要在朋友圈中打造这样的形象。整合圈子的过程中，你不断学习相关专业知识，并将其在朋友圈中不断释放出来。当你作为一个专家在朋友圈出现的时候，你的威力就大大增强了。

例如，你代理了化妆品，又在圈子整合的过程中成了这方面的专家，当朋友圈中有人提到最近脸上长痘时，你就可以以专家的身份从专业＋实践经验的角度给予解答（脸上长痘多是XXX问题，应该如何、怎样，用什么性质的化妆品比较好。XX前一阵也长痘，我给推荐了XX商品……结果如何等），那么，这影响的不仅是一个朋友，而是能看到这些信息的所有朋友，你在他们心目中就成了化妆品行业的专家，以后他们有相关问题都会来咨询你，那时候你再顺手卖点货，岂不是很简单？你是这个主圈子的核心，当你朋友的朋友遇到相关问题后，也会通过朋友来咨询你，这样你就能通过二级朋友圈来影响更多人，这就突破了个人朋友圈的局限。

3. 知识分享、兴趣讨论

你不能总是等着朋友来问，所以在很多时候，你的分享就非常重要了。分享时可以植入广告，但是总体的落脚点在知识传播。知识传播的内容可以非常广泛，你可以结合天气、案例或热点进行相关知识的传播。这个过程是对圈子里朋友"洗脑"的过程，你要植入"恐惧"。例如，秋天来了，皮肤干燥等问题又要出现了，不做好防护，冬天会出现干裂、蜕皮等现象；

20 多岁不保养，到 30 岁就来不急了等。

　　知识分享一方面巩固了你在朋友圈中的专家地位，另一方面，也在变相地做商品广告。这个过程中，有朋友跟进讨论效果会更好。例如，你分享了去痘的知识，后面有朋友评论："前几天你推荐的商品用着挺好，痘痘现在基本都没了"。朋友这一句评论的影响力远远大于你整篇分享的影响力。所以，你在主推商品时，可以找几个朋友给他们试用一下，互惠原则会让他们在某些时候主动出手相助的。

习题与实训

一、选择题

1. 下列不属于微信文案特点的是（　　　）。

   A．设计感强

   B．形式多元化

   C．传播效率高

   D．转化率高

2. 倒金字塔文案写法的优点中，下列说法错误的是（　　　）。

   A．可以快速阅读

   B．可以快速写作

   C．可以快编快删

   D．可以迅速受到读者喜爱

3. 在进行微信公众号文案标题写作时，可以采用的方法是（　　　）。

   A．加入名人和热点

   B．加入数字

   C．融入消费者体验

   D．以上都是

4. 下列关于编写微信文案正文的说法中，正确的是（　　　）。

   A．微信文案正文的主题最重要，当主题明确时可以不考虑读者群体

   B．搞笑幽默的微信文案选题自带传播属性

    C. 多方面考虑读者群体，在特定时间段对特定读者推送特定选题

    D. 文案标题要简单，文案正文要详尽，正文一定要围绕标题展开

5. 关于朋友圈文案的写法，下列说法错误的是（　　　）。

    A. 朋友圈文案字数最多不得超过 700 个字

    B. 为了增加阅读量，可以在朋友圈中分享链接

    C. 对于不能一次性发表的文字，可以将其制作成图片，配上文字发表到朋友圈

    D. 以上说法均不正确

6. 微信文案的形式多样化主要体现在（　　　）。

    A. 微信朋友圈　　　　　　　B. 微信公众号

    C. 阅读全文　　　　　　　　D. 以上都是

7. 下列文案中，不属于反转文案的是（　　　）。

    A. 一路上有你，苦一点也愿意，苦很多就算了吧

    B. 虽然你长得丑，但是你想得美

    C. 比五官更重要的是三观

    D. 世上无难事，只要肯放弃

8. 下列选项中，属于微信文案标题类型的是（　　　）。

    A. 直言式标题　　　　　　　B. 提问式标题

    C. 猎奇式标题　　　　　　　D. 以上都是

二、问答题

1. 简述微信文案的定义及编写要领。

2. 简述微信标题应该具备的特点。

3. 简述微信文案的几种写作方法。

三、课后实训

1. 浏览微信朋友圈，看看好友发朋友圈消息时都使用了什么方法来编写文案。

2. 查看微信关注了哪些公众号，选其中一个分析它的受众。

3. 浏览微信公众号，查看它推送消息的时间，消息的标题、封面和摘要文案，以及正文文案的编写手法。

4. 尝试申请一个个人公众号账号，确认受众群体、话题方向等，申请成功后每天推送一条图文文案消息。

04 Chapter

微博文案

　　微博作为一个实时信息平台深受大家的喜爱，各品牌也在微博中开通了自己的官方微博账号，用于发布品牌的一些信息，利用微博做商品营销。微博文案成为商品营销中的重要组成部分。下面我们就一起来学习微博文案的写作方法。

要点提示

- 微博文案的定义
- 微博文案的三要素
- 微博文案在营销中的作用
- 微博文案的写作要求
- 微博文案正文的写作方法

我已经用了洪荒之力啦

　　洪荒之力本是传说中天地初开之时的一种足以毁灭世界的力量，在 2016 年的热播电视剧中就使用了"洪荒之力"一词。2016 年 8 月 8 日，里约奥运女子 100 米仰泳半决赛中，中国选手傅园慧以排名第三的成绩晋级决赛，接受采访时说："我已经用了洪荒之力"并配上搞怪的表情，快速走红网络。

　　"洪荒之力"和"傅园慧"一时间成为微博的热门话题，大家不断更新"洪荒之力"的段子，同时制作了多款"洪荒之力"和"傅园慧"的表情包，这些段子和表情包被大家热传，如图 4-1 所示。

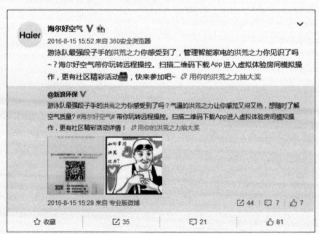

图4-1　"洪荒之力"和"傅园慧"成热门话题

　　"洪荒之力"的大火，让观众对体育赛事的认识有了新改观，观众从注重比赛结果变为和运动员一起享受赛程，鼓励他们的同时也感谢他们为国征战。

　　微博（Weibo）是微型博客（MicroBlog）的简称，也是博客的一种，主要通过关注机制来分享简短实时的信息。微博平台有很多，如新浪微博、腾讯微博、网易微博和搜狐微博等，本章以新浪微博中的文案为例进行微博文案写作的介绍。

// 4.1 微博文案的基础知识

　　与一般的文案写作、文学创作不同，微博文案的写作是非常随意的，微博读者对微博文案的包容度非常高，不管什么样的形式都可以很快接受，并积极参与话题讨论。

　　要利用微博来编写电商营销文案，首先应该知道微博文案的一些基础知识。

4.1.1 微博文案的定义

　　微博文案简单来说就是发布在微博平台上的文案信息。一篇好的微博文案可以迅速引起读者的兴趣，为微博博主带来大量流量和较高的关注度。当然，这种流量和关注度可以有效地转化到企业商品上，甚至链接到其他网页中，达到利用微博进行营销的目的。

　　微博文案的写作虽然比较随意，但也应该具备以下特点。

1．短小精悍

　　现代社会的生活节奏越来越快，极少有人能够耐心地品味大篇幅的文章，忙碌的生活使人们越来越倾向于快餐式阅读。快餐式阅读的特点就是能够在短时间内获取有效信息，不需读者自己去分析和总结。

　　因此，编写微博文案时，要做到短小精悍、言简意赅。微博规定了消息字数不超过 140 字，这也是倾向快餐阅读的表现。

　　编写微博文案时，还要注意文案的内容要通俗易懂，也就是要用浅显、白话的文字来进行表述，让读者能快速抓住文章的中心思想，引导读者思考，从而达到快速传播的目的。

2．主题明确

　　虽然编写的微博文案要求短小精悍，但也不能忽略文案的内容。无论是哪种类型的文案，都要求有明确的主题，文案工作者在编写微博文案时一定要明白这条微博文案的写作目的是什么。

同时，写作的过程中还要注意不能夸大其词，尽量使用适当的语言来描述需要表达的思想，保证文案的真实性和可读性。切忌为了吸引眼球而虚构信息、歪曲事实，这样只会适得其反。

4.1.2　认识微博文案

在微博中除了直接编写文案内容外，还可以给文案配图、加链接和配视频等，同时也可加上微博的热门话题、@ 好友或名人等。

1. 微博文案的类型

微博规定了编写的信息不得超过 140 个字，如何让这有限的字数表达出更多的含义呢？如果遇到字数较多的文案应该如何处理呢？其实发布微博文案还可以编写长微博文案或者将长微博制作成图片。

下面介绍微博中比较常见的几种文案类型。

（1）文字微博文案

这是一种普通的微博文案，和朋友圈中的纯文字文案一样，如图 4-2 所示。

图4-2　微博文字文案

（2）长微博文案

这是一种新兴的微博文案类型，是随着微博的发展才出现的。正常情况下，利用微博一次只能发 140 个字以内的内容，因此想要发布超过 140 个字的内容就要另想办法。于是，长微博转换工具出现了，该工具可以将超过 140 个字的微博转换成图片，这种图片最多可容纳 1 万字，转换后的文字清晰，以图片的形式发表，这样就突破了 140 个字的限制，如图 4-3 所示。

（3）图片和视频类微博文案

微博不仅能发布文字，还能加入图片和视频等多媒体元素，甚至很多微博的博主直接采用图片或视频的形式来进行文案表现。这不仅使我们的微博文案

内容变得更加丰富多彩，还能使微博读者更加直观地查看文案的内容，如图 4-4
所示。

图4-3　图片式长微博文案

图4-4　以视频为主的微博文案

● 如果微博文案是以文字描述为主、图片或视频为辅的，那么最好选择具有
创意、视觉冲击力强的图片或符合文字描述的应景图片，以增加微博文案的吸引力。

● 如果微博文案是以图片或视频为主的，就要注重图片和视频所表现的内容，再配以一两句简短而又点题的文字说明。

　　随着越来越多的小视频 App 出现，视频拍摄、视频剪辑也越来越受大家的喜爱，所以微博上出现了一批专门分享视频的微博博主，如搞笑视频博主 @ 辣目洋子、@papi 酱等，都是以自导自演的小视频来获得大家关注的。

2. 微博文案的内容

微博文案要求短小精悍、主题明确，那么应该如何编写微博文案？微博文案中可以包括哪些内容呢？下面简单进行介绍。

（1）简短合适的文字内容

微博的每条消息最多 140 个字，但并不意味每条消息都必须把字数凑够，文字内容越少，包括的内容越多，就越能受到大家的喜爱。在热门微博中可以看到，很多微博的文字都很少，但涵盖的内容往往却很多，这也是这些微博能上热门的原因，大家喜欢快速浏览微博，而不是把过多的时间浪费在思考某一条微博内容上。

微博可以被转发，读者转发微博到自己的主页时也可以加上一些文字或表情符号，经过多次转发后，该微博就逐渐成为了一条非常长的微博。浏览时就可以发现，大家的注意力往往集中在字数少的微博上，而不是长篇大论的微博上，这也充分体现了语言简洁的作用。

（2）微博文案必备的三要素

如何让自己编写的微博文案受到更多关注，提高评论率和转发率呢？其实在微博中适当地添加下列三要素就可以轻松实现，如图 4-5 所示。

● @ 符号："@"符号本来被用于邮件中，后被用于微博中，其主要作用是指定某一读者，用法为"@ 读者"，如编写微博时在微博最后加上"@ 之译文化"，读者"之译文化"就会收到 @ 的提示，可以通过提示查看这条微博。也就是说，"@ 消费者"后，至少可以保证这一微博会被该指定读者阅读到。如果微博内容好，他也会转发到自己的主页，和粉丝分享这条微博。所以使用 @ 符号可以提高微博的阅读量和转发量，增强互动。

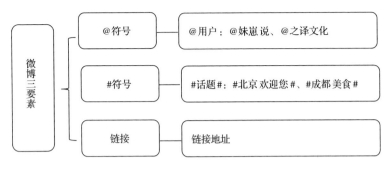

图4-5　微博三要素

● #符号："#"符号是话题符号，用法是"# 话题 #"，即在话题的前后各加一个#符号。微博上有很多热门话题，进入话题中心后，所有添加了"# 话题 #"的微博都会显示在话题界面中，关注此话题的人都可以看到。所以为了使微博更容易被搜索到和阅读到，可以在微博中间添加一个或多个话题符号，提高关注度。

● 链接：链接的用法很简单，直接将链接网址添加到文案中即可。无论是照片、视频，还是想要分享的其他网页文章，都可以利用链接的方法分享给读者。据相关统计表明，带链接的微博比不带的转发率要高出三倍。如图 4-6 所示，海尔空调的官方微博（@ 海尔空调）发布的这条微博中就包含了上面介绍的三个要素，带 # 符号的话题、@ 的两个账号，还在最后添加了网页链接。

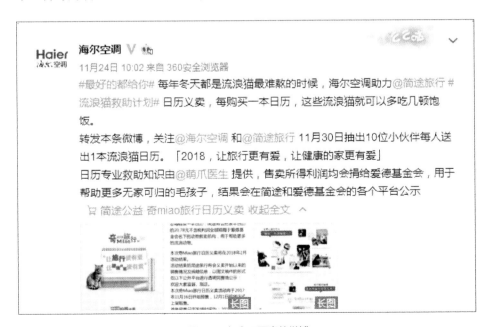

图4-6　包含三要素的微博

知识提示

　　绝大多数人在微博里添加链接时，习惯将链接放在最后，其实这是错误的。链接放在最后，很多人把文字阅读完也许就会懒得再点击链接查看内容，如果将链接放在微博的四分之一处，其点击率则会增加许多。

3. 微博文案的作用

　　微博和其他的即时沟通平台都不太一样，微博的许多特性是其他软件没有的，如同时具备即时性、群体性、书写性和社交性。微博的这些特性使其深受大众的喜爱，同时也为很多有思想、有创意的人提供了一个展示自我的平台。

　　微博文案在微博中以独特的广播式信息被流通传播，在资讯高速流动的当代，信息流动的速度越来越快，碎片化的内容也比长篇文案更加适合阅读。文案工作者用数量不超过 140 的汉字分享观点、发布新鲜事、新想法和新情绪，其他消费者则将这些文案信息重新组织、归纳，通过转发实现信息的重新组织与增值，将碎片化的、零散的和泛滥的信息汇聚成新的信息内容。

　　简而言之，微博文案可以帮助大家获取更多的有效信息，这种信息的"有效"是通过微博的多次转发、组织和确认实现的。也正是因为微博文案的这种特性，在微博中做推广的人也越来越多，如微博大 V 自己开网店、帮大品牌转发广告文案、编写商品推广文案发布到微博等。微博推广的受众准、转化率高、成本低、见效快、资源多且覆盖广，是新型推广文案的典范。

知识提示

　　利用微博文案做推广是微博中比较常见的现象，很多品牌上线时都会邀请具有一定粉丝量的微博大 V 转发广告，或直接发布广告内容，甚至专门编写一篇营销方案。下面是一个利用微博文案营销的案例。

　　XX 新款手机上市前，公司官方账号发布一条微博文案，邀请众多明星转发并带上 #XX 拍照手机 # 的话题，同时请微博自媒体大 V 各自编写一篇营销文案，为 XX 手机上市开拓市场。由于名人和微博自媒体大 V 的被关注度高，#XX 拍照手机 # 在短时间内就成了热门话题，引起了众多微博消费者的阅读和关注。

// 4.2 微博文案写作

微博是高度社会化的传播平台，它可以更方便地进行商品、服务或品牌的宣传与推广。作为一名微博文案工作者，首先应该知道微博文案的写作要求，然后针对微博文案的标题、正文的编写技巧进行学习。

4.2.1 微博文案的写作要求

不管是编写普通的微博文案，还是编写微博营销文案，都应该按以下要求来写作，以便得到更多的关注度和更高的曝光率，积累微博粉丝，促进商品销售。

1. 标题鲜明

一般的微博文案很少有标题，但新闻类的微博文案可能会用"【 】"符号将标题括起来，以增强视觉效果。如果要编写的是一篇长微博，那么微博的文案可以是长微博的标题，也可以是内容提要，但无论是哪种，长微博都应该设置一个能吸引眼球的文案标题，使读者看到标题时会产生继续阅读的兴趣。

2. 内容丰富

在微博上发布的文案，可以幽默风趣，可以有悬念，也可以加入互动内容，这些类型的文案都能引起读者的兴趣，如果为品牌做营销推广，利用这类文案也能很快拉近读者与品牌的距离。在微博中，一篇好文案不一定能受到大家的喜爱；但被大家关注、转发的文案一定是好文案，一定具备某一特质。

写微博文案一定要研究读者喜欢什么，如微博上很多大V喜欢发幽默段子，因为大家日常工作生活压力很大，刷微博看到这样的文案会觉得很放松，所以大家更愿意关注那些一看就能逗人发笑的微博博主。另外要注意，微博的主要消费者群的年龄是在14~30岁，这意味着大多数访问者都是年轻人，所以编写微博文案时可以尽量将文案内容、文案风格向年轻人喜爱的方向发展。当然，也可以按自己的风格来编写文案，把阅读人群中的属于同一风格的受众细分出来，重点维护。

3. 多元素搭配

多媒体技术的运用为微博文案增加了不少吸引力，在微博文案写作上，应充分利用多媒体技术，加入链接、图片和视频等，使文字与其有效地配合，增加信息传播的趣味性和表现力。

一般来说，周五是转发微博的高峰时间，平日下午 3 点后发微博会增加转发概率。很多收费服务可监测你粉丝的在线时段，以告诉你何时有最多的受众。

4.2.2　微博文案标题的写作方法

一般编写微博文案都不设标题，但新闻类微博文案可能会设置标题，将文案内容浓缩总结成一句话。和其他类型文案的标题一样，微博文案的标题也需要快速吸引读者的注意，让读者有兴趣浏览文案的正文。所以微博文案标题的写法可以参照前面其他文案的标题来写，并用"【 】"符号或"##"符号括起来，以突出标题。值得注意的是，微博文案标题同样不能向标题党发展，如果读者多次看到标题党，没有获取到有用的内容，那以后就不会再关注账户，这样，你的微博就会失去这些读者。

如图 4-7 所示，央视新闻的官方微博（@ 央视新闻）发布的文案中就用"【 】"符号将新闻的标题括起来，同时在里面添加了"# 冷冷冷 #"的话题。

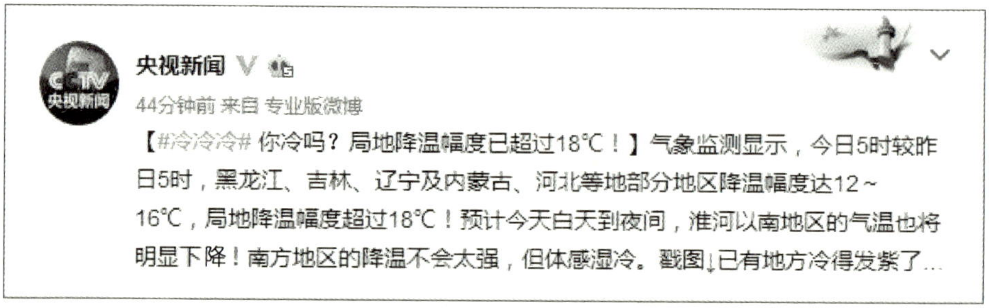

央视新闻 V 📷
44分钟前 来自 专业版微博

【#冷冷冷# 你冷吗？局地降温幅度已超过18℃！】气象监测显示，今日5时较昨日5时，黑龙江、吉林、辽宁及内蒙古、河北等地部分地区降温幅度达12～16℃，局地降温幅度超过18℃！预计今天白天到夜间，淮河以南地区的气温也将明显下降！南方地区的降温不会太强，但体感湿冷。戳图↓已有地方冷得发紫了...

图4-7　"央视新闻"微博中包含的标题

4.2.3　微博文案正文的写作方法

微博文案正文的字数较少，写作简单，其写法和其他文案的写法类似，唯一不同的是由于受字数的限制，我们需要将文案正文内容进行高度概括。如果正文内容确实很多，可以制作成长篇微博来发布。

微博文案要受到大家的关注和被别人转发，其内容必须可以引发互动，有争议的话题、另类有趣的评论会得到更多关注和评论。下面总结几种微博文案正文的写作方法。

1．引入故事

不同寻常和不可思议的事情往往能够引发人们的好奇心理，特别是新闻这种具有真实性、新鲜感，又有话题性的内容，非常具有可读性，能够快速吸引读者的注意力。

在写作故事类的微博文案时需要注意以下几点。

（1）可读性

采用新闻故事的写作方法能够更好地进行信息的传播，让人们快速查看到已发布的信息，并极大地丰富信息的背景，增加人们谈论的资本。采用这种方法要特别注意语言的描述，尽量采用积极、生动并具有闪光点的语言来进行描述，这样才能让读者在环环相扣的故事讲述过程中产生新鲜感与好奇感，增加文章的可读性与趣味性。

（2）真实性

既然文案源于新闻，就必须保证文案的真实性，不能为了博人眼球而夸大事实，欺骗读者。读者都不喜欢直接、广告味太足的文案，因此我们要尽量通过较为日常与生活化的方式来进行描述，增加文案的生活气息，让读者有一种身临其境的感觉，缩短与读者之间的距离。

（3）叙述角度

新闻事件的主体是人，因此要从人的角度来进行写作，可以以从人的性格、生活环境等角度来写作，抓住人物有特色的细节、语言特征，以人物细节为突破口，这样才能达到意想不到的效果，使文案具有感染力。

2．带入萌宠

在微博中，很多话题都是自带传播属性的，如萌宠。萌宠是一个现代流行词汇，指的是那些带有"萌"特质的宠物。这种宠物和传统的宠物不同，传统宠物是指养着用于玩赏、做伴的动物。而微博中的萌宠则不一定单指动物，植物、可爱的事物等都可以被称为宠物。

萌宠在微博中自带传播属性，不管是可爱的小狗、小猫、小兔子，还是可爱的多肉植物、玩偶等，都能很快受到大家的喜爱，从而获得大家的关注、评论、点赞或转发。如图4-8所示，制作美食视频的日食记官方微博（@日食记）就有一个萌宠"酥饼大人"。

图4-8 "日食记"微博

近两年微博上的消费者对萌宠的喜爱与日俱增，大家将自己比喻为"铲屎官"，如养猫的消费者发布逗猫照片时配的文案一定是"日常吸猫"，没有养猫的消费者评论时就会说"云吸猫"。这些都是网络流行语。要想文案契合受众喜好，一定要多看、多想，尽量了解每一个网络热点和流行语。

3. 加入互动

在微博中互动很重要，不管是什么样的微博，如果在文案中提示了互动的一些关键词，很快就可以引起大家的兴趣，使他们纷纷参与到话题的讨论中。互动的形式有很多，一种是直接在微博评论中评论、转发，另一种是加入热门话题。

微博搞笑排行榜被大家称为"榜姐"（@微博搞笑排行榜），他的微博就充分利用了互动这一关键词，从最开始的纯分享到参与，"榜姐"的粉丝也越来越以加入到话题中为乐，其每次发布的互动类微博文案，转发、评论和点赞数量都十分庞大，如图4-9所示。

图4-9　互动式微博文案

　　这种互动主要体现在微博文案的评论上，任何人都可以参与到话题中，每个人都可能上热门评论或热门转发。当然，并不是发布一条互动微博就可以了，如果将评论中优秀的、点赞或回复最多的评论整理出来新发一条微博，让大家都觉得参与其中了，这样被关注的概率更高，下次发布微博文案时大家的参与热情也会逐渐增强。

　　除此之外，在微博中还有一种互动方式，就是微博抽奖。有很多品牌的官方微博在开通之初为了增加粉丝量，会联合其他已经有一定粉丝基础的微博大V做一些抽奖活动，消费者只要关注、转发微博账号，即可参与抽奖。

　　抽奖活动在微博中非常常见，很多品牌的账号也会定期发布有关抽奖活动的微博，有的抽奖要求可能是"关注＋转发"，有的可能是"关注＋评论"，有的甚至会随意从评论中挑选几个评论精彩的发奖。因为这种抽奖活动的要求比较简单，所以消费者很容易参与进来，图4-10所示为ofo小黄车官方微博（@ofo小黄车官方微博）发布的抽奖活动微博文案。

4. 热点借势

　　微博文案里面的借势营销是众多文案编写方法中最为常用的，微博借势的方法有很多，如借用网络热点发布微博文案，或者带上当前热门话题等，都属于热点借势。

　　（1）网络热点

　　微博上有消费者每年都会自发统计当年的网络热点、网络流行语等，爆红的网络流行语几乎都来自微博，如"蓝瘦香菇""厉害了Word哥""算我输""小拳拳捶你胸口"等，如热门话题"穿秋裤""保温杯""枸杞""油腻中年男""90后步入中年"等，这些热点和话题都可以作为品牌营销的切入点。

　　微博博主@胖虎鲸发了一条微博，大谈特谈中年男性去油腻的步骤，列了不下十多条，瞬间引来了网友热议。当"中年男人"和"油腻"有了热度，一些品牌的借势营销随即紧跟其脚步而来。图4-11所示的两条天猫官方微博（@天猫）就利用了"保温杯""枸杞""秋裤"等在"双11"活动中发布了微博文案，引起了大家的关注。

图4-10 互动抽奖式微博文案

图4-11 引起热点话题讨论的微博文案

借势营销不光是品牌营销、商品营销的常用方法，新闻媒体同样可以利用网络热点和热门话题发布微博文案，引起读者的讨论转发。图4-12所示为《人民日报》的官方微博（@人民日报）发布的一条标题为"拒绝变'油腻'！送你一份'去油'指南"的文案，借的就是上面提到的"油腻的中年男人"热点的势，并且以经验式的标题来引起大家关注。

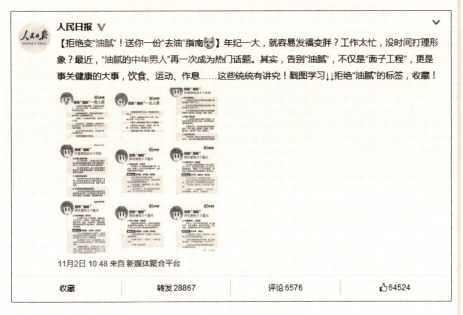

图4-12　借势营销的微博文案

（2）热门话题

热门话题往往是一段时间内被大多数人关注的焦点，凭借话题的高关注度来进行商品或服务的宣传，可以快速获得人们的关注。在选择话题时，首先应注意热门话题的时效性，且不能选择时间久远的话题。其次，还要注意文案的措辞，不能使用生硬、低俗的话语来牵强附会地关联，一定要保证文案与话题之间的自然与协调，不能引起读者的反感。

5. 逆向思维

逆向思维也叫求异思维，是对司空见惯的、已成定论的事物或观点进行反向思考的一种思维方式。在进行文案写作时，如果能够"反其道而思之"，延伸自己的逆向思维，从问题的反面进行深入的探索，树立新思想和形象，那么就可以更快地吸引读者的眼球，并获得他们的青睐。因此，从反方向突破常规，是一种非常容易吸引读者注意力的方式。

6. 制造话题

用网络流行语来说，微博上的"吃瓜群众"众多，何为吃瓜群众？就是那些喜欢看热闹并且默默看热闹围观事件的人。很多微博文案都会利用大家喜欢吃瓜看戏的心情，刻意制造矛盾来引起大家的兴趣，使其随时关注事件的发展，这些微博文案往往能从中获取流量和关注。

知识提示

> 需要注意的是，制造话题的主要目的是获取关注，赢得大家对话题本身的讨论。这个话题一定要是良性的、善意的，我们切不能往恶意话题上倾斜，如恶意中伤其他品牌抬高自己、炒作等，因为这可能适得其反，只能赢得一时的关注。一旦热点过去，大家对品牌的认知只停留在炒作上，这不利于品牌的形象塑造。
>
> 另外，编写微博文案正文时还可以参照前面其他文案的写作方法，如利用第一人称拉近距离、积累口碑等。一定不要小看口碑的力量，微博中利用口碑做营销的品牌很多，最为典型的就是海底捞（@ 海底捞）和四川航空（@ 四川航空），它们都是以高质量的服务取胜的，在消费者心里留下了好印象、好口碑，让消费者自发在微博中为它们进行免费营销，这种第三方口中发出的赞美更能使读者信服。

拓展阅读

微博文案与微信文案的区别

微博文案和微信文案在创作上几乎没有什么区别，都是通过研究读者的心态、喜好，创造出能引起共鸣的、吸引注意的、易于接受的文案内容，从而激发他们对话题的关注，并使他们对话题进行转发和评论。

　　不管是微信文案创作还是微博文案创作，其核心都是抓住读者的阅读需求，但同时它们也有一定的区别，下面通过表 4-1 来展示微博文案和微信文案的区别。

表 4-1　微博文案和微信文案的区别

区别	微博文案	微信文案	总结
形式	微博、长微博	朋友圈、公众号	都能发表短小和长篇类的文案
创作	为信息流快速运转在一个弱关系链条中而准备的	为有差异化价值的信息在强关系链条中流转而准备的	读者人群的关系紧密度不同
字数	微博：最多140个字 长微博：没有字数限制	朋友圈：不得超过700个字 公众号：没有字数的限制	微博文案要更为简短精练、突出重点，如果文字无法表述完整，可以通过图片来弥补
曝光	微博：图文能更直观、完整地呈现在读者眼前 长微博：通过配图和引言呈现，具体内容要进入文章才能了解	朋友圈：完全呈现或折叠呈现 公众号：只能通过"标题+封面"呈现，具体内容要进入文章才能了解	从阅读方式上比较，微博和微信朋友圈类似，但微信公众号需要更"标题党"一点才能抓住读者眼球
受关注形式	开放式的，不论是否关注，都可以在平台上搜索、查看历史消息，阅读不会受到限制	封闭式的，有一定的私密性，只有互为微信好友才能查看朋友圈，公众号也只能关注之后才能接收推送的消息	微信更注重个人阅读以及朋友圈转发
传播	传播速度快，是以新闻、事件和热点为导向的快速信息流	传播速度较慢	因为微博的开放性，其消息传播的速度远比微信快

习题与实训

一、选择题

1. 下列属于微博文案特点的是（　　）。
   A. 内容丰富　　　　　　　B. 主题明确
   C. 层次清晰　　　　　　　D. 以上都是

2. 以下选项中不属于微博文案必备三要素的是（　　）。
   A. @　　　　　　　　　　B. #
   C. &　　　　　　　　　　D. 链接

3. 发布微博文案时，加入"元旦巨献"话题的正确用法是（　　）。
   A. # 元旦巨献　　　　　　B. # 元旦巨献 #
   C. & 元旦巨献　　　　　　D. & 元旦巨献 &

4. 下列选项中，属于微博文案写作要求的是（　　）。
   A. 标题鲜明　　　　　　　B. 内容丰富
   C. 多元素搭配　　　　　　D. 以上都是

5. 下列关于微博文案营销的说法中，错误的是（　　）。
   A. "双 11"抢不到红包算我输"属于热点借势
   B. "新的一天从吸猫开始"属于带入萌宠
   C. "周年庆活动还有这种操作？"属于逆向思维
   D. "'双 11'来了，说说你们都想要些什么优惠"属于加入互动

二、问答题

1. 简述什么是微博文案，它一般包含了哪些内容？
2. 简述微博文案的写作要求。

三、课后实训

1. 申请一个微博账号，关注一些品牌的官方微博。
2. 进入某品牌的官方微博主页，查看该微博每天发送的微博文案内容。
3. 关注热门微博文案，总结转发、评论和点赞数都很高的微博文案都具有哪些特点。
4. 为"无线鼠标"新品发布编写一条微博文案，加入一个新话题或热门话题，增加微博文案关注度。

05 Chapter

软文基础知识与写作技巧

软文，顾名思义，是相对于硬性广告而言的，它是由企业的市场策划人员或广告公司的文案工作者负责撰写的"文字广告"。与硬性广告相比，软文之所以叫作软文，精妙之处就在于一个"软"字。

要点提示

- 软文的形式及作用
- 软文的分类
- 软文关键词的选取技巧
- 软文关键词的布局技巧
- 软文的写作技巧

我害怕阅读的人

不知何时开始，我害怕阅读的人。就像我们不知道冬天从哪天开始一样，只会感觉黑夜越来越漫长。

我害怕阅读的人。一跟他们谈话，我就像一个透明的人，苍白的脑袋无法隐藏。我所拥有的内涵是什么？不就是人人能脱口而出，游荡在空气中最通俗的认知吗？如心脏在身体的左边；春天之后是夏天。但阅读的人在知识的海洋里遨游，能从食谱论及管理学，八卦周刊讲到社会趋势，甚至空中跃下的猫，都能让他们对建筑防震理论侃侃而谈。相比之下，我只是一台在MP3时代的录音机，过气、无法调整。我最引以为傲的论述，恐怕只是他多年前书架上某本书里的某段文字，而且，还是不被荧光笔画线注记的那一段。

我害怕阅读的人。当他们阅读时，脸就藏匿在书后面。书一放下，就以贵族王者的形象在我面前闪耀。举手投足都是自在风采。让我明了，阅读不只是知识，更是魔力。他们是懂美学的牛顿，懂人类学的凡·高，懂孙子兵法的甘地。血液里充满答案，越来越少的问题能让他们恐惧。仿佛站在巨人的肩膀上，习惯俯视一切。那自信从容，是这世上最好看的一张脸。

我害怕阅读的人，因为他们很幸运。当众人拥抱孤独，或被寂寞拥抱时，他们的生命却毫不封闭，不缺乏朋友的忠实，不缺少安慰者的温柔，甚至连互相较劲的对手，都不至匮乏。他们一翻开书，有时会因心有灵犀，而大声赞叹，有时又会因立场不同而陷入激辩，有时会获得劝导或慰藉。这一切毫无保留，又不带条件，是带亲情的爱情，是热恋中的友谊。一本一本的书，就像一节节的脊椎，稳稳地支持着阅读的人。你看，书一打开，就成为一个拥抱的姿势。这一切，不正是我们毕生苦苦找寻的？

我害怕阅读的人，他们总是不知足。就连爱因斯坦，这个世界上智者中的聪明者，临终前都曾说："我看我自己，就像一个在海边玩耍的孩子，找到一块光滑的小石头，就觉得开心。后来我才知道，自己面对的，还有一片真理的大海，那里没有尽头。"读书人总是低头看书，忙着浇灌自己的饥渴，他们让自己成了敞开的桶子，随时准备装入更多、更多、更多。

而我呢？手中抓住小石头，只为了无聊地打水漂而已。有个笑话这样说：人每天早上起床，只要强迫自己吞一只蟾蜍，不管发生什么，都不再害怕。我想，我快知道蟾蜍的味道了。

我害怕阅读的人。我祈祷他们永远不知道我的不安，免得他们会更轻易击垮我，甚至连打败我的意愿都没有。我如此害怕阅读的人，因为他们的榜样是伟人，就算做不到，退一步也还是一个，我远不及的成功者。我害怕阅读的人，他们知道"无知"在小孩身上才可爱，而我已经是一个成年的人。我害怕阅读的人，因为大家都喜欢有智慧的人。我害怕阅读的人，他们能避免我要经历的失败。我害怕阅读的人，他们懂得生命太短，人总是聪明得太迟。我害怕阅读的人，他们的一小时，就是我的一生。我害怕阅读的人，尤其是，还在阅读的人。

上面这篇文案是奥美广告公司的一篇长文案，文案标题为《我害怕阅读的人》。单从文案标题看，可以了解到文案的内容是围绕"阅读的人"展开的，标题也从一定程度上引起了读者的好奇心：为什么要害怕阅读的人呢？

进入文案正文就不难发现，这篇文案的中心思想是与标题截然相反的，它并不是真的在害怕阅读的人，而是从阅读的人的各方面来讽刺"不阅读的人"。用这样一篇反讽文案来鼓励大家多阅读、多思考和多提升自己。

本章将重点介绍软文的基础知识和写作方法，对于本章的学习，应该首先了解什么是软文，以及软文的作用，再掌握选取软文关键词的方法和技巧，以及掌握写作软文标题、正文的方法等，希望大家学习之后能举一反三。

// 5.1 软文的基础知识

要写作一篇完整的软文，首先应该弄清楚软文的一些基础知识，如软文的概念、分类和作用，以及表达形式等。

5.1.1 软文的概念

随着时代的变迁，软文的定义似乎越来越不清晰，很多企业开始思考"什么叫作软文？""长篇文案广告就是软文？""借着新闻点的由头，撰写商品的文字就是软文？""只要是关乎商品、关乎品牌和关乎销售的文字就是软文？"此类相关问题，然而久久不能获得满意的答案。

软文的定义可以从两种角度来解释，一种是狭义的，另一种是广义的，如表5-1所示。

表5-1　从不同角度归纳的软文定义

角度	定义	说明
狭义	早期定义的一种付费文字广告	企业通过付费的方式在报纸或杂志上刊登的纯文字广告
广义	新闻报道、深度文章、案例分析、付费短文和广告等	帮助企业提升品牌形象并提高知名度、促进企业商品的销售等的长篇文案都可以称为软文

知识提示

在文案范围里，一篇完整的新闻性文案就是我们常说的新闻稿，要区分软文和新闻稿，就看文案里是否有新闻事件。例如，文案内容涉及企业获奖信息、企业最新活动等，为新闻稿；若文案内容涉及公司商品评测、企业发展计划等，则为软文。

5.1.2　软文的形式

纵观文案的类型和形式，软文的内容虽然千变万化，但是万变不离其宗。总体来说，它主要有以下几种形式。

1. 新闻事件式

新闻事件式软文是指以新闻媒体的口吻撰写的文案，它可以让读者感受到事件的真实性。企业文案写作者在写新闻事件式软文时应该结合自身条件，多与策划者沟通，不要天马行空地写，否则可能会造成负面影响。

新闻事件式软文具有很强的权威性，内容的可信度高，如某汽车4S店以"'三八'妇女节夫妻互送玛莎拉蒂"为噱头写了一篇软文，并将其发表在新闻媒体上，形成了新闻事件式软文，引起大众的注意。

2. 悬念疑问式

悬念疑问式软文充分利用人们的好奇心理，先把问题设置好，让大家猜测和关注，等到一定的时候再给出答案，它属于自问自答式文案。例如，某房产公司利用问题"绿地房产如何打造精致生活？""现代园墅何以如此热销？"等引起话题和关注，引导读者不断猜想"房产为什么热销？""现代园墅有什么好？"，这种自问自答的方式可以在很大程度上吸引读者，使读者产生兴趣。

知识 提示

悬念疑问式软文中的问题设计需要别出心裁，提出的问题要有吸引力，答案要符合常识，不要漏洞百出。

3. 故事叙述式

这种软文是通过一个完整的故事给读者心理造成强烈暗示后再带出商品，从而使销售成为必然，如"1.2亿买不走的秘方""神奇的植物胰岛素"等。

讲故事不是此类软文的目的，故事背后的商品线索才是软文的关键。听故事是人类最古老的知识接受方式，故事的知识性、趣味性、合理性是这类软文成功的关键。

4. 情感爆发式

情感爆发式的软文一直很容易戳中人心，尤其是那种信息量大、针对性强的情感爆发式软文，更容易让人动心，如"老公，烟戒不了，洗洗肺吧""女人，你的名字是天使""写给那些战'痘'的青春"等。

5. 心理恐吓式

相对情感爆发式的软文来说，心理恐吓式的软文算一种反情感式的诉求，通过恐惧来戳中人们的软肋，如"高血脂，瘫痪的前兆！""天啊，骨质增生害死人！"等。

虽然心理恐吓式的软文常常遭人诟病，但实际上其效果往往要比赞美更让人印象深刻，因此只要把握好尺度，就能达到更好的营销效果。这类软文通常被用于健康养生广告中，最常见的便是戒烟广告。

6. 全民促销式

全民促销式的软文被使用的频率非常高，如"北京人抢购×××""×××，在广州卖疯了""一天断货三次，西单某厂家告急"等，这类软文广告经常出现在网络电商发布促销活动时。

这类软文或直接配合促销使用，或使用"买托"制造商品供不应求的盛况，通过"攀比心理""影响力效应"等多种因素促使人们产生购买欲。

5.1.3 软文的分类

软文之所以备受推崇，主要有两个原因，一是硬性广告效果下降，电视广告费用上涨；二是软文费用低，预示着企业在低成本下也能创造高利益。因为这两个原因，企业更愿意通过软文来占领市场。从软文营销作用的角度来看，常见的软文包括以下三大类，如图5-1所示。

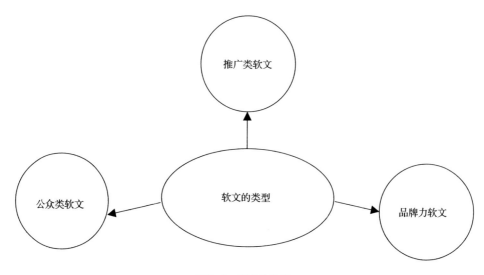

图5-1 软文的分类

1. 推广类软文

推广类软文在推广优化上的威力不同凡响。一篇好的推广类软文，不仅能给企业带来非常多的外部链接，而且一旦被大量转载，所产生的效果常常超出想象。一般来说，推广类软文主要包括以下几种形式。

（1）站长在软文中推荐店址。

（2）网店店主在文案中推荐店址。

（3）从搜索引擎优化的角度出发所设计的关键词网页文本。

（4）网页信函，大多数是一个域名只有一个网页的模式。

（5）以E-mail方式投放的销售信函或海报。

（6）在报纸、杂志上的直接介绍或对相关商品知识进行的介绍。

2. 公众类软文

公众类软文是指有助于企业或机构处理好内外公共关系并向公众传达企业各类信息的软文。利用这类软文，企业可以向员工和公众传递企业信息。

公众类软文可以被分为两类：公关软文与新闻事件式软文。其中，公关软文是指对企业形象塑造、品牌推广和企业公共关系有帮助的软文。

3. 品牌力软文

品牌力软文是指有助于品牌建设和累积品牌资产的软文。品牌力软文内容的来源方式主要有企业主导和外部收录。

品牌力软文的撰写多半是从提高品牌的知名度、联想度、美誉度和忠诚度等角度出发的。在品牌力软文的撰写中，最具有推广效果的莫过于故事类型的软文了。一个好的品牌力软文离不开一个包含品牌核心价值的好故事，因此，企业要学会运用故事去传播品牌的价值，从而创造传奇品牌。

5.1.4 软文的作用

软文以文字的形式对商品进行推广，以达到促进商品销售为目的。因此，软文的本质还是广告文案，只不过表现形式是长篇文案，而非视频、图片或"文字 + 图片"的形式。

软文的可读性强，流通面广且效果持久，它在营销推广中的作用非常明显，可以为企业网站带来大量的流量，并且这些流量能转化成具有商业价值的其他模式，这些商业化模式就是软文营销的最终目的。表 5-2 所示为软文文案的直接作用、间接作用和在营销推广中的具体作用。

表 5-2 软文文案的作用

类型	作用	说明
直接作用	提高关注度	软文的可阅读性可以有效提高读者的关注度，使其从关注软文到关注商品、企业、指定网页等
	提高品牌知名度	为读者提供独到的观点和视角，通过敏锐的洞察力，帮助读者解决实际问题，在提高读者信赖感的同时，对企业的宣传和推广活动也能产生积极的影响，在某种程度上能够有效地提高企业的知名度
	传播企业文化	企业可以通过软文向读者展示企业形象，在读者心中留下好印象。如果软文的内容足够好，还可以吸引相同观点的人进行深入讨论

续表

类型	作用	说明
间接作用	增加有效链接	在软文中带上自己网站的链接，能将搜索引擎引到自己的网站上，从而增加被搜索引擎搜录的概率并提高搜索排名
	流量导入	有效链接可以增加点击率，这些点击行为可以为网站带来基础流量
	提高关键词排名	在软文中穿插关键字和长尾关键词，可以有效地增加关键词的密度，有效的链接和流量对关键词排名也能起到提高作用
在营销推广中的具体作用	引导流行趋势	好的软文可以引导消费者阅读、讨论关键信息点，让商品成为流行的趋势
	树立企业形象	企业的软文可以让企业从市场上的产品同质化现象中脱离出来，帮助企业树立正确且独特的企业品牌形象
	传递口碑效应	消费者在体验的过程中可以通过传播，在网民之间形成口碑效应，企业也将因此而获得较好口碑
	强化权威效应	新闻事件式软文既有广告的推广效应，又有新闻的权威性，可信度高，因此更容易被消费者接受
	带来群体效应	软文具有可读性和传播性，一篇优秀的软文可以引起读者共鸣，使他们在网络中点赞、回复和转发，这将达到一传十、十传百的效果，带来群体效应

// 5.2 软文推广

软文的最终目的是营销推广，要让软文达到此目的，首先应该弄清楚软文推广的关键信息点和软文关键词。下面对软文中关键词的选取、分析和布局等知识进行简单介绍。

5.2.1 关键词的选取与分析

关键词是软文中最重要的信息，如某 App 的营销推广软文中，App 的创作单位和 App 的名称、用途、功效、方法等信息都属于这篇软文的关键词。除此之外，还可以对行业、人群、节日、消费等设置关键词，关键词的选取要结合产品及市场来确定。

1. 核心关键词

所谓核心关键词，就是营销推广中最简单的词语，同时也是搜索量最大的词语。如上面介绍的某 App，其功能就是它的核心关键词。如果是办公 App，那么"办公"就是它的核心关键词；如果是交友聊天的 App，那么"交友"就是它的核心关键词；如果是拍小视频的 App，那么"视频"就是它的核心关键词。

核心关键词也可以是商品、企业、网站、服务、行业等的一些专有名称或与这些专有名称相关的词汇。核心关键词可以从以下几个方面来选择。

（1）相关性

核心关键词要与整篇软文的主题内容相关。如果软文是以宣传鞋子为主题的，那关键词"上衣"肯定是不行的。核心关键词要与软文的主题内容有紧密的联系，要告诉搜索引擎这篇软文主要讲的是什么，是宣传哪一款商品，可以为消费者提供什么样的服务、解决什么样的问题等。

（2）消费者搜索习惯

软文营销的目的是为了吸引消费者，提高知名度，因此，设置关键词时要考虑消费者的搜索习惯。企业可以列出几个与企业品牌或商品相关的核心关键词，然后换位思考一下，如果自己是消费者，会怎么搜索，从而选择出最合适、最接近消费者搜索习惯的核心关键词。

（3）竞争程度

经常被搜索的词才是最有价值的词，但是这样的词因为太火热，使用这类词的软文也比较多，从而导致你的软文不容易获得靠前的排名。冷门的关键词虽然容易获得靠前的排名，但是很少有人去搜索，软文变现的价值就不大。可以通过以下几点，判断关键词的竞争程度。

● 搜索次数：可以通过关键词工具和百度指数观察较为详细的数据，数值越高，竞争度就越高。

● 竞价排名位数：企业可以在某个关键词现实的搜索结果中查看竞价排名位数，以判断关键词的竞争程度。

● 竞价价格：通过一些搜索引擎的流量工具明确关键词大致的竞价费用。价格高的不一定竞争激烈，但是价格低的肯定竞争不激烈。

● 关键词出现的频率：企业可以通过搜索发现相关数据。

2. 辅助关键词

辅助关键词是对核心关键词的补充，在选择过程中不需要考虑是否促成销售，只要它们与核心关键词有关，我们都可以将其罗列在内。

（1）可以以短句的形式出现

辅助关键词不仅可以以词语的形式出现，也可以以短句的形式出现。消费者搜索时，常用的搜索短语是"什么是××""××如何使用"。例如，某移动手环上市，消费者在不了解的情况下可能搜索"什么是移动手环""移动手环如何使用""移动手环有什么作用"等，这些就是它的辅助关键词。

（2）辅助关键词的选取技巧

选择辅助关键词时可以从以下几个角度考虑，其中的任何一个点都可以作为辅助关键词。

- 从品牌角度考虑：企业、客服、商品及商品系列。
- 从已有消费者角度考虑：商品维护、商品维修、商品选购。
- 从对商品不熟悉的人群角度考虑：什么是××商品、商品报价、商品使用指南。
- 从地域角度考虑：商品亚洲旗舰店、商品官方旗舰店、商品成都专卖店。

3. 长尾关键词

长尾关键词是对辅助关键词的扩展，长尾关键词可以是短语或短句。例如，一家软文推广企业的长尾关键词是"哪家软文推广企业好""软文推广找谁"。

（1）长尾关键词的特点

长尾关键词的特点是较长，往往由2~3个词组成，甚至是短语，存在于内容页面、标题、内容中。长尾关键词的被搜索量非常少，且很不稳定。但是，长尾关键词带来的消费者，转为企业消费者的概率比核心关键词高很多，而且目的性更强。存在大量长尾关键词的软文带来的总流量非常大。例如，核心关键词是鞋子，其长尾关键词就可以是女士鞋子、男士鞋子、春鞋和户外运动鞋等。长尾关键词的基本属性是可延伸性、针对性强和范围广。

长尾关键词是长尾理论在关键词研究上的延伸，其"长尾"两个字的意义是：细和长。细，说明长尾是份额很少的市场，在以前这不是被重视的市场；长，说明这些市场虽然不大，但数量众多。积少成多，大量的微小市场累积起来就能占据市场中可观的份额。

（2）长尾关键词选词矩阵

关键词选词矩阵是搜索引擎营销的术语。一般构成关键词选词矩阵的要素有三个，即品牌关键词、行业及地方关键词和通用关键词。这三类关键词相互重叠，对于搜索引擎的索引来说更加细化，可以让目标消费者在精确定位下快速、准确地找到自己发布的软文。虽然以上三类关键词的相互叠加拓展可以提高转化率，但是在搜索引擎细化的同时，搜索的消费者也会随之减少。

（3）建立关键词库，筛选高转换率的词

建立一个行业的长尾关键，无论是对把握整个行业的动向，还是进行网站优化，都能起到不小的作用。挖掘到相关的行业关键词之后，就可以把它归类放置在设定好的关键词词库中。因为每个人的精力是有限的，软文工作者只能在其中找出具有高转化率特性的词。但是在选择关键词时，要考虑到这些关键词会给消费者带来怎样的实际效果。

例如，关键词是"服装"，它的长尾关键词可以分成很多类，如男性服装、女性服装、冬装、夏装等；也可以按它的品牌拓展长尾关键词，如某品牌服装等；还可按质地拓展长尾关键词，如棉类、皮类、羊毛类等。一般搜索某商品的细分品牌的消费者，其购买的目的性都非常强，如果我们把这些高转化率的词进行长尾词的优化，那么软文流量所转换的价值就非同小可。

（4）企业定位与长尾关键词的关系

选择长尾关键词与企业定位有很大的关系，在选择与企业产品或企业定位精准度相关的词语时，可以针对一些有明确目标需求的、由搜索引擎引入的消费者，这类消费者对企业所经营的产品有明确的认知，但是这类消费者很少。

（5）企业业务与长尾关键词的关系

企业产品或业务扩展出来的关键词是面向对你经营的网站或产品有模糊概念的消费者而设计的关键词。

（6）搜索消费者与长尾关键词的关系

将有可能成为搜索消费者使用并且找到网站的关键词理解为长尾关键词，它可以是产品的周边和产品的延伸词，也可以是企业服务内容扩展出来的关键词。例如，以北京旅游为核心关键词进行拓展，针对性较强的关键词就是北京故宫、北京鸟巢等；相关拓展的关键词是北京宾馆、北京旅游费用等；周边产品的衍生词是福建到北京的机票、福建到北京的机票打折、北京旅行社、北京周边自驾游、北京旅游行业、北京旅游杂志等。

5.2.2　寻找关键词的技巧

很多软文作者虽然知道关键词对软文的重要性，但他们却不知道如何去挖掘、寻找关键词。下面介绍寻找关键词的几个方法。

1. 了解行业概况

了解行业概况，是寻找关键词的第一步。那么，该如何了解行业概况呢？可以从以下三个方面入手。

（1）搜索行业主关键词

搜索结果前 5 页的网站基本上就可以说明该行业的概况。例如，要用软文营销这个关键词，就可以发现一般排在前 50 名的都是较有知名度的软文推广网站。

（2）熟悉软文推广网站

熟悉软文的推广网站，主要包括该网站的建站时间、专业性、站点规模、主关键词等。

（3）搜索排名靠前的网站

在行业关键词搜索结果的前 10 个网站或网页中，主要是竞价网站、行业网站、企业网站、个人网站。如果竞价网站和行业竞价网站居多，那么说明关键词的商业价值较强，软文作者可以把这个关键词放进自己的软文内容中。如果是一些简单的企业网站，说明这个关键词的行业竞争性不强。

2. 行业关键词集合

行业关键词集合也是确定关键词的技巧之一。那么，如何找到行业关键词的集合地呢？可以从以下三个方面入手。

（1）搜索行业主关键词，单击搜索结果第一页底部的更多相关搜索。这里就是行业关键词的集合地，软文作者可以对其做适当的筛选，如搜索计算机，就可以发现相关的搜索关键词。

（2）从百度指数获得每个关键词的每日搜索量。

（3）如果需要更多的行业关键词，可以采用中文版的关键词集合工具。

3. 关键词竞争分析

从行业关键词集合中找到自己想要的关键词后，在选择时要考虑三个方面，即关键词的相关性、关键词的搜索量和关键词的商业价值。针对主关键词选择的关键词，被称为二级关键词，可以按了解行业概况的方式了解二级关键词的排名情况。一般来说，二级关键词的竞争性都不是很强，如果在搜索结果的第一页出现，则可以将之确定为目标关键词之一。如果主关键词是小米手机，二级关键词确定为米粉，在百度搜索米粉，关于米粉的信息就会出现在首页，那"米粉"两个字就可以确定为二级关键词。

4. 关键词的发展规划

确定一个可发展的主关键词，对于软文阅读量的提高有很大帮助。如果刚开始确定软文营销为主关键词，那么随着软文营销行业的发展，"软文营销"在搜索结果中也会有好的排名。关键词的发展规范，需要有很明确的层次。

5.2.3　设置关键词的技巧

众所周知，消费者想要获得信息就会通过搜索引擎进行搜索，而搜索的技巧就是通过关键词。因此，若企业要想自己的软文被消费者搜索到，且能使其排列在搜索引擎的前列，则对于关键词的设置就非常需要技巧。

1. 利用消费者习惯设置关键词

"知己知彼，百战不殆。"要想通过搜索关键词提高软文的搜索量，就要了解消费者是怎样搜索的，他们在搜索软文时都有哪些行为习惯。只有彻底了解消费者，才能最大程度地保证自己的软文被消费者搜索到。

（1）利用消费者的搜索习惯来设置关键词

消费者搜索习惯是指消费者在搜索引擎中寻找相关信息时所使用的关键词形式。对于不同类型的商品软文，消费者的搜索习惯也是不同的，因此，应该优先选择符合大部分消费者搜索习惯的关键词形式。

通常情况下，消费者在搜索时使用不同的关键词会得到截然不同的结果。对于同样的内容，如果页面的关键词表达形式与消费者的搜索习惯存在差异，那么就会极大地降低页面的相关性，关键词甚至会直接被排除在搜索结果之外。因此，企业在设置关键词时，要先统计消费者在寻找同类商品时所使用的关键词形式，分析消费者的搜索习惯，找出与自己商品最相近的关键词进行设置，但是要注意的是，这只适合同类型的商品。

（2）利用消费者的浏览习惯设置关键词

消费者在网上浏览信息时，只会注意自己需要或感兴趣的信息，大多数时候都会无意识地忽略与自己无关或不重要的信息。消费者在对一个新网站毫无了解的情况下，浏览网站时除了会受到主观因素的影响，还会受到眼球轨迹的影响。

有研究表明，在一般情况下，消费者在浏览信息时都会以"F"形状的模式进行浏览。该行为有如下三个步骤。

● 横向浏览，消费者会在内容区的上部进行横向浏览。

● 目光下移，小范围水平移动。消费者视线下移一段距离后在小范围内再次横向浏览。

● 纵向浏览，消费者会在完成以上两个步骤后，将目光沿着网页左侧垂直浏览，速度较为缓慢，也较有系统性和条理性。

根据消费者的浏览习惯，企业可以在软文的正文内容中沿着该轨迹设置关键词，这样就可以最大程度地让消费者看到自己的商品信息。

2. 从对手的角度考虑设置关键词

很多企业做营销时喜欢借力打力，借势营销。借势时，除了借势热度话题外，还要借势竞争对手。其实，软文关键词的设置也可以使用这一招，就是去了解竞争对手的关键词设置情况。这样就能够掌握关键词的竞争热度，以便进行优化部署。

（1）搜索相关商品的关键词

企业可以在搜索引擎中搜索相关商品的关键词，查看关键词的排名情况。同时，了解排名前10页的网站都优化了哪些关键词，将它们记录下来，然后再做对比分析。

例如，当前企业是做众筹的企业，那么站在消费者角度来说，要想了解众筹行业的关键词，可以在搜索引擎中输入"众筹"二字，出现最多的词语是众筹、理财、投资和高收益等关键词。那么企业可以把这些关键词直接运用到自己的软文中，这样被搜索筛选到的概率就会大大增加。

（2）去目录网站寻找与商品相关的行业公司信息

企业在寻找相关商品关键词信息时，可以通过一些黄页网站和目录网站查询与商品相关的行业公司信息，分析这些公司的目录描述情况。同时，注意在描述中都出现了哪些关键词，最后制作一份竞争对手的名单，具体的数量可根据需要而定。例如，某众筹网站想要通过软文进行推广，可以去目录网站寻找众筹平台的信息。"大家投"在百度百科上是这样描述的："大家投于2012年10月正式上线，专注于股权众筹融资项目，为创业者和投资人提供高效的众筹服务。从平台性质来看，大家投就像一个供创业公司卖股权的'天猫商城'，天猫上卖东西，大家投上卖股权。"

3. 确定关键词的七个步骤

很多人都认为确定关键词是一件非常困难的事情，因为很容易发生关键词选择错误，导致软文的搜索量不高或对商品的销售量、企业的品牌曝光度起不到多大的作用。其实不然，只要掌握了一定的技巧，确定关键词并不是一件困难的事情。

（1）选择关键词

关键词是描述品牌、商品、网站或服务的词语，增加被搜索量的第一步就是选择适当的关键词。其中，最重要的技巧就是选取那些经常被消费者在搜索相关信息时所用到的关键词。例如，某化妆品企业希望自己推广的软文能在搜狗中被消费者搜索到，就选择了消费者常用的几个关键词，这样消费者在使用相关的搜索词时就能搜到关于该企业的软文。

（2）理解关键词

企业收集所需要的关键词之前，要了解消费者平常是如何使用关键词的。消费者在搜索时很少使用单个词，一般以词组或短语居多。弄清这一点，对在文章里应选择什么样的关键词会起到很大的作用。例如，消费者要搜索姜汤方面的信息，一般很少会输入"姜汤"两个字，通常都是输入"姜汤的做法"或"姜汤的作用与功效"等。

（3）处理关键词

当企业收集到很多与网站或商品相关的关键词时，就需要对关键词进行分析处理。主要是把收集到的关键词进行组合，把它们组合成常用的词组或短语。例如，一家名为上海鼎象国际设计的装修公司针对企业选择了以下几个关键词，"别墅""上海"和"装修"，如果简单地用这几个关键词去设置企业推广信息，消费者是很难搜索到的。因此，该企业就把其组合为上海别墅装修，这样企业就可位于搜索引擎的前列了，消费者便能很快找到。

（4）舍弃关键词

有舍才能有得，关键词也是一样。不是说关键词堆砌得越多，搜索量就越高。需要舍弃的关键词包括三种：一是拼写错误率比较高的关键词；二是停用的关键词；三是类似于"最好的""疯狂地"等词语。

（5）优化关键词

完成上面四个步骤后，企业就已经列出了一大堆关键词，接下来要做的工作就是通过长期观察去除没有消费者使用或较少人使用的词语，优化剩下的就是与商品相关的最佳关键词。例如，众筹行业经过优化后的最佳关键词是"众筹""理财""投资"。众筹企业只要设置好这几个关键词就可以保证自己的软文或企业被消费者搜索到。

（6）设置关键词的密度

网页上的词语数以百计，那么搜索引擎如何分辨哪些描述是企业的重要词语呢？搜索引擎会计算软文的字数，而那些重复出现的词语就是比较重要的关键词。这就是软文关键词设置密度的问题。因此，为了更快地被搜索到，软文的关键词密度必须在搜索引擎允许的范围内多次出现。例如，星联众筹在公众号上发布的软文，它使用的关键词密度就非常高。可以在网页中看到，多次出现与众筹相关的词是"众筹""互联网金融""宝宝类理财产品"。这样的高密度设置，可使其软文的搜索位置得到有效提高。

（7）突出关键词

当企业统计完页面需要多少个关键词时，接下来要做的就是把关键词放在有价值的地方。搜索引擎会关注软文网页中的某部分内容，而处于这部分的词语显得比其他部分的词语重要很多，这就是突出关键词。

5.2.4 关键词的布局技巧

软文的灵魂是关键词，关键词是软文中最不可缺少的部分，因此在软文营销领域，可谓"得关键词者得天下"。下面介绍在一篇软文中合理设置关键词的几种技巧。

1. 三类软文关键词的布局

不同字数的软文有不同的关键词布局技巧，下面介绍500字、800字和1000字三种软文关键词的设置技巧。

（1）500字软文。500字软文的关键词频率设定为4~6次即可，频率过高容易造成关键词堆砌，而且太多的关键词插入会增加软文的写作难度，甚至会产生一些病句。

（2）800字软文。800字软文需要把文章分为3~5段来写，关键词出现的频率和500字软文一样，因为两者的整体长度和结构大致相同，所以从SEO的角度来讲，它们使用的术语是同一种类型。

（3）1000字软文。1000字软文的关键词出现频率保持在5~8次即可，因为1000字的文案整体长度已经发生了变化，可以适当添加一些关键词。

2. 长尾关键词在软文中的布局

要想软文获得高点击量，仅依靠主关键词还远远不够，这时就需要深入挖掘更多长尾关键词，并把握长尾关键词在软文中的布局技巧。

（1）软文的标题

软文标题，对于SEO来说是非常重要的。写软文标题时要考虑两个方面的内容：一是SEO的效果；二是吸引消费者点击。在写软文标题时，要考虑搜索引擎的分词技术。

（2）软文正文

不仅是软文的标题中要出现长尾关键词，软文的正文中也要出现长尾关键词。长尾关键词只需在文案里出现几次即可，没有严格的规定，但次数不宜过多。当文案第一次出现长尾关键词时，可以适当地加粗，作为文案的中心。例如，一篇名为《夏天吃什么水果好》的文案，其内容是介绍适合夏天吃的水果，其标签可以设置成："夏天吃什么水果""夏天吃什么水果好"，这其实这是一种变相的长尾关键词。

5.2.5 关键词的优化

设置完关键词之后，并不意味着所有事情都完成了，还要对关键词进行优化，这样才能得到想要的软文营销效果。

1. 关键词的拆分机制

拆分机制是优化关键词的有效办法之一。例如，以"北京做网站"为例，可以将之拆分成"做网站的公司北京哪家最好""北京网络公司做网站最好的是哪一家"，这就是关键词的拆分。拆分后的关键词出现在文案中，可以适用于链接上线文案，以达到增加文案关键词密度而又不会因频繁地出现核心关键词而造成堆砌关键词错觉的目的。在拆分关键词时要注意两点：一是拆分的关键词中间最好不要出现符号；二是拆分关键词时中间尽量减少文字数量，以保持拆分关键词的临近度。

2. 关键词形式的变化

关键词形式的变化有很多样式，它和写文章一样，都是以中心思想为核心，然后再展开来写的。关键词很容易扩展成千字以上的文案，不过这对于软文作者的文字把握能力和知识点的掌握要求很高。关键词形式的变化可以是一整篇文章，也可以是一段文字，甚至是一句话，如果关键词的拆分机制是为了增加软文的关键词密度，那么关键词的形式变化就是为了增加软文的相关度，让软文更容易被搜索引擎判定为优秀的原创文章。

例如，头条新闻中的一篇"中兴发布智慧城市商品路灯可为电动汽车充电"就是以"中兴智慧城市商品"为主关键词扩展的一篇文章。文中针对智慧商品引申出了中兴的政企业务以及中兴的智能多参仪。通过这样的关键词延伸变化，该文案被头条新闻判定为优秀文案，排在科技版面的前列。

5.2.6 插入关键词的方法

软文中关键词如何插入，一直是困扰软文作者的难题。如果插入不合理，就很容易影响文章的语句通顺，从而降低文章的质量。同时，也不容易引起消费者的关注。插入关键词的方法主要包括以下几种。

1. 两者比较插入法

在撰写软文时，软文作者可以采取比较法，用网友的口吻对同类商品进行比较，分析每件商品的优缺点。然后将软文的重点慢慢地转移到自己商品的关键词上。这样可以加深消费者对商品的印象，从而使其产生购买欲望。

2. 娱乐新闻法

利用娱乐新闻法写作的软文很容易吸引消费者的关注，这种方法也是被运用得最广泛的一种。这其实算是借势营销中的一种，因为消费者对热点新闻、娱乐新闻的好奇心都很重，这类软文往往能达到一鸣惊人的效果。不过使用该方法的时候一定要注意把握分寸，不要使用负面的热点新闻，否则会对企业的品牌形象造成负面影响。

3. 心得插入法

心得插入法是软文创作中经常使用的方法，它以消费者的感受作为切入点，利用大家的感同身受来引起注意。例如，先在文章中表达对儿童教育方式的心得，随即自然地引出这些心得体会的来源，顺理成章地插入关键词。

4. 散文故事诱导法

散文故事诱导法对于软文作者的写作能力有很高的要求，软文作者写故事时若把握不好，就会忽略对软文关键词的诱导。好的散文故事型软文应紧紧围绕关键词来写，也就是说为这个关键词量身定做一个故事。软文作者在写作时一定要时刻想着关键词，任何一句话或铺垫最后都要归结到关键词上。

5. 日常心情记录法

日常心情记录法比较适合女性消费者，即利用女性喜欢交流各种心得的特点，撰写一些相关的心情帖、日记帖、抱怨帖和倾诉帖等，然后在这些帖子中巧妙地插入关键词。

// 5.3 软文写作技巧

对软文的基础知识和关键词设置有了一定了解后，下面我们再来学习软文的写作技巧。

5.3.1 掌握软文的写作要点

撰写一篇软文应该以行业趋势作为切入点，宣传本企业产品的先进性或服务的优越性。这种宣传不仅能提高企业产品或服务的市场地位，吸引消费者的关注，也能引起经销商或同行的注意甚至效仿，在行业内形成口碑。

软文的写作要点分为以下几点。

1. 行业口碑

产品的销售链由人组成，一旦业内口碑形成，那么众口同声的推荐将会对产品销量产生直接的推动力。

要赢得行业内的口碑，企业应该从非常专业的角度诠释与产品相关概念的技术支持，使得产品更有说服力，这就需要软文作者下功夫收集有关此专业技术的文章，多方参考，多方引证，并征求技术人员的意见，使软文既合理又有价值。

2. 连续、有计划

只有连续、有计划地进行软文推广，才能真正取得推广成绩。一般情况下，不少企业在推广软文时都至少把半年作为一个阶段，半年内每周至少推广一次，唯有这样努力地推广才能收到成效。因此，软文虽然费用低，但总体的投入还是有的，企业也应该支持。

3. 适当的夸张

在找到支持点后一定要对产品利益点做某些夸张描述，不可停留在一般性叙述上，语言尤其要口语化。这种夸张绝不是无中生有的，而是在搜罗、分析所有信息的基础上，有根据地做恰当的夸大，并以幽默、传奇式的口吻打动消费者。

4．增加价值

与专业版面合作，选取具有新闻价值的切入内容，让软文成为真正的有偿新闻。这种推广方式多运用在某个特定阶段，如新品上市、某项公关活动进行时。

5.3.2 软文标题的写作技巧

在撰写软文之前，软文作者需明白软文的主题内容，并以此进行标题的拟定，从而让软文标题与文案内容紧密相连。无论软文的主题内容是什么，其最终目的还是吸引消费者去阅读，去评论，让更多人转发，从而带来软文外链，并最终促成销售。因此，为软文撰写一个具有吸引力的标题是很有必要的。

标题是一篇软文的灵魂，针对不同的产品或服务，软文标题的写作技巧是有所不同的，因此需要针对这些因素进行思考，写出具有吸引力的标题。尽管不排除对软文标题进行"标题党"式的设计，但有足够多价值的内容才是最吸引消费者的。

（1）标题要有个性和有创意。个性和创意能够激发人们内心的潜在探求欲，而且更加有吸引力。

（2）标题要有思想。很多软文的标题都很空洞，这些标题往往给人们一种云山雾罩的感觉，不知道它们具体要表达什么。因此，写标题也得有实物，有思想，有内涵，这样的标题才能让人看一眼就知道文章的中心内容，才会让人有进一步阅读的欲望。标题若能和热点关键词挂钩，效果会更好。

（3）标题要传神生动。标题实际上就是对文案的高度概括，是浓缩的精华，文案标题一定要生动传神，才能够引起人们的关注。

（4）不要做"标题党"。有时候真实的力量往往更加具有感染力，因此尽量不要做"标题党"。

1．标题的写作方法

软文标题的写作和前面介绍的其他文案标题的写作类似，可以利用名人或热点作为噱头，吸引读者眼球，增加文案的可阅读性；也可以利用我国汉字谐音的特点来设置同音不同字的标题。除此之外，写作软文标题还可以采用以下两种方法。

（1）加入数字和符号

一般来说，软文标题中包含三大亮点：数字、符号和事例。其中数字和符号是非常形象的软文标题材料，因此软文作者可以采用数字或符号，使自己的标题更有说服力和吸引力。

● 数字：如"5天时间，赚足3800元"。

- 符号：如"小心被宰！低价做网站的惊天秘密"。
- 事例：如"盘点十大最美天文摄影图　赏太空神秘景象"。

（2）使用特色语言

在撰写标题时可以用诗词、成语典故、古汉语、谚语、歇后语、口语、行业内专业术语、外语、方言土语，以及人名、地名和影视、戏曲、歌曲等特色词汇来吸引消费者。

2. 软文标题的类型

软文标题的写法和微信公众号文案标题的写法类似，图5-2所示为软文标题的几种类型及标题案例。下面分别进行介绍。

图5-2　软文标题的类型

（1）悬念式标题

悬念式标题是指将软文中最吸引人的内容先在标题中进行提示或暗示，在读者心中悬下疑团，引发读者思考，诱发读者的好奇心。

悬念式标题在日常生活中非常受欢迎，不过需要注意的是，此类标题要增加软文内容的可读性，否则悬念设置后，内容太苍白或者过于常规会给读者一种失望的感觉，从而在读者心中大打折扣，导致企业美誉度降低。

企业在设置软文营销中的悬念式标题之前，需要将答案设置好，然后根据答案来设置标题，毕竟悬疑是为答案服务的，如果过于追求主题的噱头，答案却平实而无质量，则会变成"标题党"，造成恶意炒作的行为。

（2）励志式标题

励志式标题实际上就是从自身出发来讲述一个故事，这个标题可以让企业现身说法，讲述自己成功背后的辛酸、成功的秘诀等。

如今很多人都想致富，可是苦于没有致富的门路，而这个时候适合给他们看励志式软文，让他们知道企业是怎样打破困难枷锁、走上人生巅峰的。读者一般对他人的故事感到特别好奇，励志式标题对他们来说很有吸引力。励志式标题一般可以采用两种固定模式，即从原因和结果两个点来列举标题。

● 原因：其模式为"×× 如何使 ×× 怎样的"，如"这个技巧如何使他日赚两千元""简单的点子是如何使我成为公司经理的"。

● 结果：其模式为"×× 是如何 ××× 的"，如"在销售中我是如何从失败中奋起、进而走向成功的"。

（3）新闻式标题

新闻式标题一般都是比较正规且权威的，常见的新闻标题有单行、双行等多种形式，只要清楚描述时间、地点和人物等几个基本的要素即可。

新闻式标题的特点是一针见血，具有权威性，这样撰写的文案可以放在网站的"企业新闻"或"行业新闻"等类似的栏目中，会显得很有权威性。

（4）对比式标题

对比式标题是通过与竞争对手的同类商品进行对比来突出自己商品的优点的，它能加深读者对商品的认识，如"国内三大搜索，三国鼎立或蜀吴曹操""诺基亚的今天难道是小米的明天""做工和体验才是重点，小米 PK 锤子手机"等。

对比式标题中还可以加入悬念，能更加突显标题的特色，吸引读者的注意力，如中兴百货的平面海报广告《思想的天使，身体的魔鬼》等，既用了对比，又有悬念，很符合当代大众的口味。

知识提示

企业运用对比式标题时，一定要注意文中内容要与标题相符合，在夸自己商品优点的同时，也一定要指出对方商品的优点，然后在对方优点的基础上，指出自身商品的优势所在，这样的软文才能成为一篇实实在在的性价比对比式软文。

（5）经验式标题

在生活中，经验式标题特别受读者喜爱，读者在阅读软文时，多以带有目的性的姿态去阅读，想在软文中吸取某些方面的经验教训。这对文章的逻辑性要求较高。读者通过大量文章的对比，会感到眼前一亮，进而从中吸取经验教训。

经验式标题下的软文内容要具备一定的权威性及学术性，或至少经验性较突出，切忌出现大量的抄袭，或直接使用上网就能随便找到的内容。

例如，"中国前十大高薪行业排行榜""女人一生一定要做的20件事""必备！5大澳大利亚留学必下App""创业者什么钱不能拿"，这类标题的软文一般属于经验分享式的软文，吸引人的地方就在于经验大放送、总结性归纳，这是很多读者所喜欢的。

（6）反问式标题

反问式标题是通过提出问题来引起关注的，继而引发读者的兴趣，启发他们的思考以产生共鸣，使其留下印象。例如，"鸡肋不好吃，裸眼3D处境尴尬为哪般？""360宣布硬件彻底免费！图什么？""假期畅爽打游戏，哪些路由让你告别卡顿？"这类标题几乎都是先诉说事件，然后再提出问题。

（7）白话式标题

白话式标题就是直奔主题，把软文中的核心主题直接陈述出来，直接把企业品牌、商品以及主打内容通过标题透露给读者，这样既可以节省读者的浏览时间，又可以使企业的商品或品牌曝光到新客户或潜在客户的视野中，增加商品销量，提高品牌受关注度和企业美誉度。

知识提示

白话式标题适合知名企业做宣传推广用，小型企业如果想要采用白话式标题，最好选用与自己商品相符合的且知名度较高的品牌商品做标题内容的主语，或者把热门话题演变成自己的标题。

（8）抢眼式标题

抢眼式标题的目的是吸引人的目光以增加点击量，给人一种不可思议的感觉。

抢眼式标题与普通式标题形成鲜明对比，如普通式标题为"软文写作的一些指导意见"，抢眼式标题为"他靠一篇软文赚了800万元！"，哪一个更引人注意呢？对普通读者来说，能与物质挂上钩的话题，一般都能轻而易举地受到他们关注，他们也愿意对其进行深入了解。

抢眼式标题一定要放大读者内心的渴望点。若读者需要减肥，那标题就要点出快速减肥、高效减肥等内容；若读者想育儿，那标题就要体现出育儿技巧、轻松不费力等内容，以此来使企业软文的标题与读者的自身需求高度契合，从而吸引读者的注意。

知识提示

抢眼式标题也可以用数据来吸引人，它特别适用于电商标题，如"月销1000万元的某某商品"，不过这种标题的应用过于泛滥。因此，我们重点还是要以商品自身的优势为主，尽量从分析消费者心态、目的性的角度来设置抢眼式标题。

（9）隐喻式标题

隐喻式标题以读者为核心，利用比喻的修辞方法使标题增加新意，从而使读者印象深刻，引起读者的好感。

隐喻多借助人本身的知识、修养和情操等，对软文标题加以合理的想象和发挥，以提高读者阅读的兴趣，如"社区O2O是首页互联网公司的滑铁卢""让品牌跟青春谈一次恋爱"等。

（10）提示式标题

提示式标题是以劝勉、叮咛和希望等口气来撰写标题的，目的在于催促读者采取相应的行动。例如，某品牌果珍软文的标题是"冬天喝热的果珍"，香吉士柠檬的广告标题是"加点新鲜香吉士柠檬，让冰茶闪耀阳光的风味"。

提示式标题容易让人产生共鸣，但需要注意的是，在写作这类标题时要绝对谨慎，否则容易引起读者的反感。

提示式标题兼具多种优点，主要有以下三点。

● 标题主动地劝说或暗示读者去做或去思考某些事情。

● 标题一般直接言明所推荐商品的某种用途或使用方法。

● 此类标题直接或间接地将使用该品牌商品的好处告诉读者，标题就具有了动之以情、晓之以理的双重功能。

（11）流行式标题

流行式标题就是拿网络流行的热门语言为标题的噱头，如"不管你信不信，反正我信了""皮皮虾我们走""算我输""小拳拳捶你"等，以此来吸引读者的注意。

这种朗朗上口的网络流行语言，可以在一定程度上吸引读者的注意并激发其兴趣，也可以在短时间内拉近与读者的距离。

（12）指导式标题

指导式标题是针对某一个具体的事情进行一个方法的传递，在标题中扣住"如何""怎样""某某的养成之道""更简单的某某之道"之类的字眼。

例如，"选择好店面才能带来好生意""网络购物，如何防止上当受骗"等。这类标题往往可以吸引大部分新人或对未知领域感兴趣的"好奇宝宝"的目光。

如何撰写指导式标题呢？需要注意以下几点：内容必须有较强的专业性、经验性；轻微插入软文广告，排除硬广植入的情况；不要直接复制粘贴别人的文章，要针对具体文案推出一个"指导性教程"，同时还可以把广告完美地融合进去。做好了这几点，即可撰写出一个好的指导式标题。

5.3.3　软文正文的写作技巧

在了解了软文标题的写法及注意事项，并顺利地拟定了一个好的软文标题后，接下来就要准备软文正文的撰写了。软文正文的写作也是需要技巧的。要写好软文正文，除了要对所宣传的商品和企业有较深的了解之外，更要对各种类型的正文有一定的把握。

1. 常规式正文

一篇软文，无论形式如何变化，其根本还是一篇文章，文章的一些写作方法对软文也是通用的，如软文的正文有故事式正文，也有新闻式正文等。根据软文素材和软文作者思路的不同，软文正文的形式也有所不同。

2. 情感式正文

情感一直是广告的一个重要传递介质，情感传达的内容针对性强，杀伤力也强。情感式正文最大的特色是它能打动人心，因此在软文推广中，不妨试试这种"情感营销"。例如，一篇软文内容介绍的是"一个不会使用计算机的人通过努力做到了淘宝金牌店铺掌柜"，文章的内容就是一个传达情感的过程。

"情感营销"并不是只传递正能量和正面情感，也可以通过对比，适当地运用消极情感来取悦读者。一方面，消极文字会引起很多人的共鸣，另一方面，这也容易吸引一些"把快乐建立在别人痛苦之上"的人。因此，可以在软文中适当地抒发一些情感，不管是积极、愉悦的情感，还是抱怨、消极的情感，只要运用得当，都能起到很好的作用。

知识提示

消极的文字只是一种不那么积极或正面的说法，而不是那种彻底的消极。完全的消极只会引起读者的负面情绪，而不是情感的共鸣。另外，就算是使用消极的文字，在软文的结尾也需要散发一些正能量。

3. 促销式正文

写正文时，软文的作者可以把商品信息和店铺信息展现给目标客户，没有人觉得这是在做广告，但确实起了广告的作用，这就是成功的软文。如标题为"促销使我们的生意踏上了新的台阶"的软文。

（1）事件式正文

事件式正文就是以某个事件为基础进行一系列的写作，包括对事件的拓展、加工和深入分析。事件一般都具有很强的新闻性，在事件发生之后的短时间内会引发大量的关注。对于需要做软文推广的企业来说，事件发生后的这一段时间会是一个很好的机会，可以借助事件来迅速提高商品的曝光率，提高知名度。

事件式正文与炒作类软文不同，虽然都是基于一定的事件，但这里的事件更多的是自发而不是刻意为之的。事件式正文往往是根据某个突发事件或现象进行评论和分析，因此这类正文的特点也相当明显。

- 时间性强：事件的热度一过，软文的效力就会大打折扣。
- 热议的话题：大部分人都在热议的事件才足以形成强大的影响力。
- 个人观点：将个人的观点穿插在软文中，才能进行内容拓展，从而让消费者注意你，以此借力为自己的品牌进行宣传。

掌握了事件式正文的特点后，也需要注意策划手段，因为事件或正文对品牌的影响是非常大的。如果掌握了一定的技巧，事件式正文写作起来还是比较容易的，其写作方法主要有以下几种。

- 策划和持续跟进，要让更多的人知道这件事。
- 可以持不同的观点，目的是让别人议论，增加感染力。
- 巧在标题上下功夫，吸引别人的注意很重要。
- 在有影响力的平台上发布，可以有效地提高转载率。
- 做深度分析，也许通过一篇文案就能拉来很多忠实的消费者。

事件只是一个载体，别忘记穿插自己的观点，不要把全部精力放在事件本身上，而要适当巧妙地将自己要宣传的内容穿插进去。

（2）观点式正文

观点式正文就是在正文中以阐述某一观点为主，一事一议，发表自己对某一个事物的看法，提出自己的观点和主张，正面或负面皆可。不过负面的观点不可太过，恶意诋毁是大忌。

观点式正文对树立品牌形象是非常有益的，如我们在网站上看到的以"某某认为""某某指出"等为题的文案，都属于这一类。但要注意的是，如果想使用"某某认为"这样的方式来写正文，那这个"某某"必须是有一定名气的人或某一领域的权威。

观点式正文能够扩大作者的影响力，迅速提升其个人品牌形象，能够彰显权威、个性，文章的转载和传播率会比较高；而且一般的观点式正文都比较短，比较容易撰写，因此观点式正文也是比较常用的。在进行观点式正文的撰写时，作者需要将观点表达完整，并且越简短有力越好。

4. 技巧式正文

所谓技巧式正文，是指在正文中以普及一些小知识、小技巧为主题。很多商品（如软件），就非常适合用技巧式正文来推广。

一般来说，技巧式正文好写又好用，在网络上随处可见。它的内容虽不多，但成文迅速，实用性强，阅读量和传播率都很高。例如，"夏天如何驱蚊"的小技巧就会让饱受蚊虫叮咬的人如获至宝。

这些和生活息息相关的小技巧，不管在何时都会引起一部分人的注意。因此，采用技巧式正文的软文的转载和传播都是长效的。

5. 通讯式正文

通讯式正文是一种比较常用的写作手段，主要用来报道企业新闻、动态消息和杰出人物，类似于新闻类软文。

一般来说，通讯式正文是一种准确、及时而又常见的内文形式，主要用于报道周围的人、周围的事。企业撰写通讯式正文的初衷是"既然做了就要说，并且一定要说出去，让更多的人知道"。

如今，不管是中小型企业还是社群组织或个人网站，都开始像大型企业一样具有了宣传意识，也逐渐地发现了通讯的重要性，于是开始将自己的动态、消息及时向社会宣传，从而获得一定的关注度和知名度。

6. 历史式正文

这里所说的历史分为两种，一种是企业或企业创始人的历史，另一种则是真正意义上的历史。

（1）任何企业都不是一蹴而就的，都会有筹备、实施和落地的过程。这个过程对于当前来讲就是企业的历史。把这段历史拿出来，经过艺术加工之后，呈现在读者的面前，不仅会给企业品牌增添厚重感，还可以提高企业的知名度。

（2）此外，千万别忘记向真正意义上的历史要东西。中华上下五千年，这么丰厚的历史资源为什么不拿来用呢？再加上历史和文化本是紧密相连的，比如企业所在地有没有历史可挖掘，有没有文化可传承，企业的商品或经营项目有没有历史。如果有，则不论大小都可以写入正文中，人们最喜欢的就是那些拥有悠久历史的企业或行业了。

7. 故事式正文

讲故事是最受欢迎的信息传播方式。故事式正文能让读者记忆深刻，能够拉近企业与读者的距离，可以在无形中将商品的宣传融合进去。

那么怎么来写故事式正文呢？首先要记住，讲故事不是目的，在故事中穿插的商品和服务线索才是正文的关键。此外，故事的知识性、趣味性和合理性是故事式正文成功的基本要素。

针对正文的最终目标，我们可以自编一段小故事，巧妙地融入自己的商品，进而达到宣传的目的。也可以通过讲述一个完整的故事带出商品，使商品的"光环效应"和"神秘性"给读者以强烈的心理暗示，增加读者的购买可能。

8. 逆向式正文

逆向思维就是要敢于"反其道而思之"，让思维向事物的对立面发展，从问题的反面进行深入的探索，树立新思想，创立新形象。

人们习惯于沿着事物发展的正方向去思考问题并寻求解决办法。其实，对某些问题，尤其是一些特殊问题，倒过来思考，从后往前推，往往会使问题变得简单。具体方法可以参考逆向思维的以下三种方式。

● 反转型逆向思维：从已知事物的相反方向进行思考，如常言说"三人行必有我师"，就可以反方向思考"三人行未必有我师"。

● 转换型逆向思维：当解决问题的手段受阻时，就可转换成另一种手段，或者转换角度思考。

● 缺点型逆向思维：我们要思考是否能把缺点变为优点，化被动为主动，化不利为有利。这就是古人常说的"祸兮福之所倚，福兮祸之所伏"。

9. 感动式正文

都说"伸手不打笑脸人"，更何况还是一个充满真情的笑脸呢？只要正文中的感情足够真诚，就算读者看得出这是商业软文，也不会太反感。

情感最大的特色就是容易打动人心，容易走进读者的内心，因此有人提出了

"情感营销"。那么软文的创意如何去寻找真情呢？这时就要思考：企业中员工之间有没有什么感人的事情？没有的话，员工为企业而努力奋斗，企业以人为本，热爱、关心员工的事情也是可以的；再找不到的话，可以看看企业和客户之间有没有让客户感动或者让企业骄傲的事情。

无论在工作还是生活中，任何一点都可以进行挖掘，肯定有值得感动的事情。软文作者要做的就是把这些故事与企业或商品融合，从而撰写出一篇充满真情实感的软文。

拓展阅读

怎样让软文被广泛传播

一篇优秀的软文不仅要内容深刻、是有可读性，更重要的是要能起到营销推广的作用；只有被广泛传播了，这篇软文才能发挥它自身的价值。下面总结了几点让软文能够被广泛传播的方法。

1. 软文要具备分享功能

当今社会是一个信息共享的社会，特别是搜索引擎的出现和发展更是让信息共享得到了更大的发展。一篇好的软文需要有极高的可分享性，这些分享能够让读者产生共鸣，形成思想上的互动，而不是仅仅让作者把自己的广告植入读者的思想中。软文的可分享性需要读者主动进行植入，并且主动为商品进行宣传，这样才能实现软文的价值。

2. 软文的可读性强

在生活中可以发现，很多商品口号的可读性都非常强，如一些电视广告，可能你看了一遍或听一遍就能记住。其实软文也是一样，也非常讲究内容的可读性，这是今后软文发展的方向。一篇可读性强的软文能够帮助企业或商品获得更好的营销效果，读者阅读起来也会有滋有味。至于如何增强软文的可读性，可以从以下几点来考虑。

（1）理：以理服人

消费者为什么消费？为什么选择这款商品？购买商品可以带来什么好处？这些问题就是一篇营销类软文需要重点表达出来的内容。

比如通过软文推广一款书桌，那么就需要在软文中表现书桌设计的功能，以更加翔实、有理有据的描述让消费者更加关注该商品，从实用的角度来具体合理地表达理由，以理服人。

（2）情：以情动人

感情往往是软文中最重要的因素，在软文中加入有感情的故事和文字，可以增加文章的可阅读性，也更能够使读者有代入感。

（3）诚：以诚感人

软文的写作是要达到推销商品或服务目的的，其本质是一种营销行为。当然，这种营销不能过于生硬，要以真诚的方式来描述商品，告知读者这件商品真的值得购买，这个企业也真的值得信任。

3. 正确的排版格式

软文的排版格式也是需要注意的，要保证软文排版格式的正确性。做到了这一点，在提高消费者阅读速度以及不让消费者产生审美疲劳的基础上，可以最大限度地提高软文的质量。读者一般比较喜欢段落分明且标题简单的文章，这样一目了然，能给人舒服的阅读体验。

习题与实训

一、选择题

1. 下列选项中，不属于软文形式的是（　　　）。

　　A. 新闻事件式　　　　　　　B. 热点式

　　C. 情感爆发式　　　　　　　D. 悬念疑问式

2. 下列属于软文类型的是（　　　）。

　　A. 推广类软文　　　　　　　B. 公众类软文

　　C. 品牌类软文　　　　　　　D. 以上都是

3. 下列关于核心关键词的说法，正确的是（　　　）。

　　A. 核心关键词要与软文的内容息息相关

　　B. 核心关键词应该从受众的角度去考虑

　　C. 核心关键词应该从品牌的角度去考虑

　　D. 核心关键词可以以短语形式出现

4. 下列说法中，不属于在软文中插入关键词的方法是（　　　）。

　　A. 比较插入法　　　　　　　B. 故事诱导法

    C. 心情记录法   D. 实时叙述法

5. 下列标题中，属于指导式软文标题的是（   ）。

    A. "厨房防油烟的 10 个小技巧"

    B. "家庭主妇必知的防油烟妙招"

    C. "告别'黄脸婆'，你的厨房清油烟需要这些技巧"

    D. "这个技巧让几亿家庭的厨房免受油烟困扰"

二、问答题

1. 什么是软文？从营销作用的角度来看，软文有哪几种类型？

2. 简述软文关键词的分类及关键词的选取规则。

3. 简述软文写作的要点。

三、课后实训

1. 在网络平台上浏览网页，查看各种类型的软文。

2. 收集传播力度较大的软文文案。

3. 分析软文文案的标题、正文有什么特点，它的各类关键词是什么？

4. 以"保温杯"为对象，尝试为该商品编写一篇幽默风趣的软文文案。

06 Chapter

优秀文案赏析

电商文案的兴起和发展，对实际广告文案的影响甚大，文案的风格不再拘泥于传统模式，而是逐渐向网络文化倾斜，借名人之势、网络之势和热点之势是各类文案的常态。要编写出优秀的文案，首先应判断和赏析什么样的文案才算优秀。

要点提示
- 各类优秀文案鉴赏
- 优秀文案具备的因素
- 文案关键词分析
- 文案分析
- 文案的写作技巧

【案例1】钉钉：深夜，我接到一个陌生电话……

钉钉是阿里巴巴集团的一款免费沟通和协同的多端平台，提供 PC、Web 和手机等几个版本，支持手机和计算机之间的文件互传。2017 年 11 月 19 日，钉钉智能办公硬件发布，钉钉新浪官方微博（@钉钉）发布一条"粉丝爸爸请留步"的"戏精体"长微博。同时，微博众多大 V 发布了"深夜，接到一个陌生电话"的长微博，为钉钉助力，如图 6-1 所示。

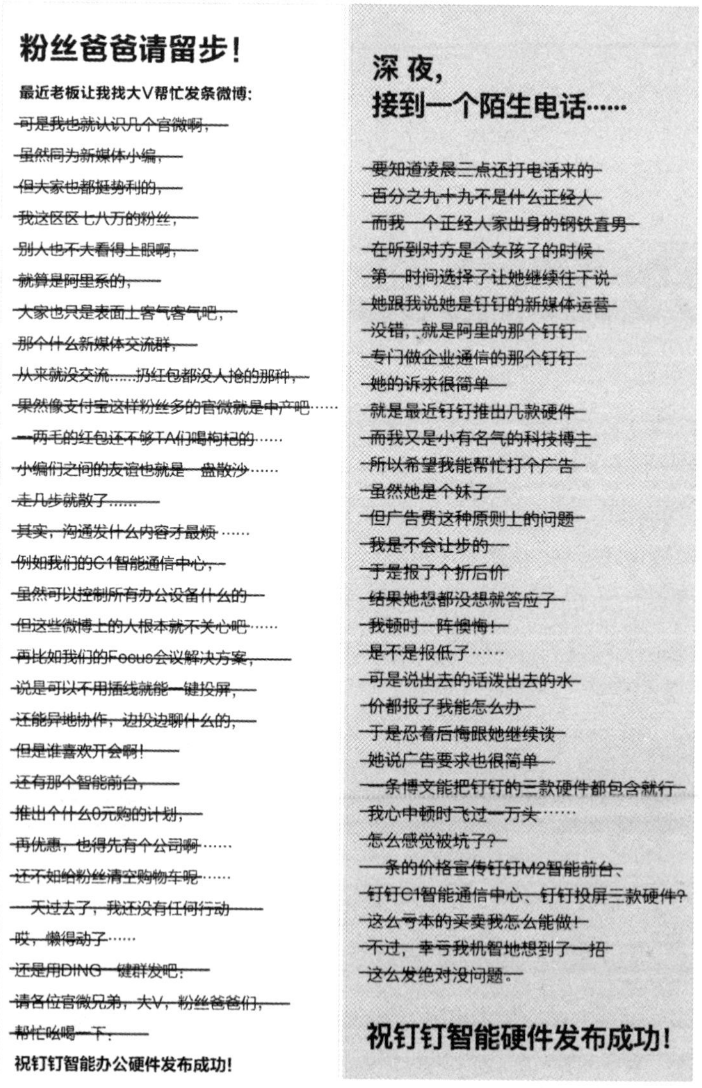

粉丝爸爸请留步！

最近老板让我找大V帮忙发条微博：

~~可是我也就认识几个官微啊，~~
~~虽然同为新媒体小编，~~
~~但大家也都挺势利的，~~
~~我这区区七八万的粉丝，~~
~~别人也不大看得上眼啊，~~
~~就算是阿里系的，~~
~~大家也只是表面上客气客气吧，~~
~~那个什么新媒体交流群，~~
~~从来就没交流……扔红包都没人抢的那种，~~
~~果然像支付宝这样粉丝多的官微就是中产吧……~~
~~一两毛的红包还不够TA们喝枸杞的……~~
~~小编们之间的友谊也就是一盘散沙……~~
~~走几步就散了……~~
~~其实，沟通发什么内容才最烦……~~
~~例如我们的C1智能通信中心，~~
~~虽然可以控制所有办公设备什么的，~~
~~但这些微博上的大根本就不关心吧……~~
~~再比如我们的Focus会议解决方案，~~
~~说是可以不用插线就能一键投屏，~~
~~还能异地协作，边投边聊什么的，~~
~~但是谁喜欢开会啊！~~
~~还有那个智能前台，~~
~~推出个什么0元购的计划，~~
~~再优惠，也得先有个公司啊……~~
~~还不如给粉丝清空购物车呢……~~
~~一天过去了，我还没有任何行动~~
~~哎，懒得动了~~
~~还是用DING一键群发吧：~~
请各位官微兄弟、大V、粉丝爸爸们，
帮忙吆喝一下！

祝钉钉智能办公硬件发布成功！

**深夜，
接到一个陌生电话……**

~~要知道凌晨三点还打电话来的~~
~~百分之九十九不是什么正经人~~
~~而我一个正经人家出身的钢铁直男~~
~~在听到对方是个女孩子的时候~~
~~第一时间选择了让她继续往下说~~
~~她跟我说她是钉钉的新媒体运营~~
~~没错，就是阿里的那个钉钉~~
~~专门做企业通信的那个钉钉~~
~~她的诉求很简单~~
~~就是最近钉钉推出几款硬件~~
~~而我又是小有名气的科技博主~~
~~所以希望我能帮忙打个广告~~
~~虽然她是个妹子~~
~~但广告费这种原则上的问题~~
~~我是不会让步的~~
~~于是报了个七折后价~~
~~结果她想都没想就答应了~~
~~我顿时一阵懊悔！~~
~~是不是报低了~~
~~可是说出去的话泼出去的水~~
~~价都报了我能怎么办~~
~~于是忍着后悔跟她继续谈~~
~~她说广告要求也很简单~~
~~一条博文能把钉钉的三款硬件都包含就行~~
~~我心中顿时飞过一万头……~~
~~怎么会感觉被坑了？~~
~~一条的价格宣传钉钉M2智能前台、~~
~~钉钉C1智能通信中心、钉钉投屏三款硬件？~~
~~这么亏本的买卖我怎么能做！~~
~~不过，幸亏我机智地想到了一招~~
~~这么一绝对没问题~~

祝钉钉智能硬件发布成功！

图6-1 两篇"戏精体"长微博

微博文案一经发布，迅速引起大家的强烈反应，很多围观者也用相同的模式编写了一系列文案；这同时也引起了其他品牌官方微博的注意，发布了如图6-2所示的推广微博，并在下面注明"为我们的友谊（敬业）干杯"。钉钉发布会的热度迅速上升，话题度和讨论度持续升高。这种"戏精体"软文文案的微博无疑是一次成功的营销推广。

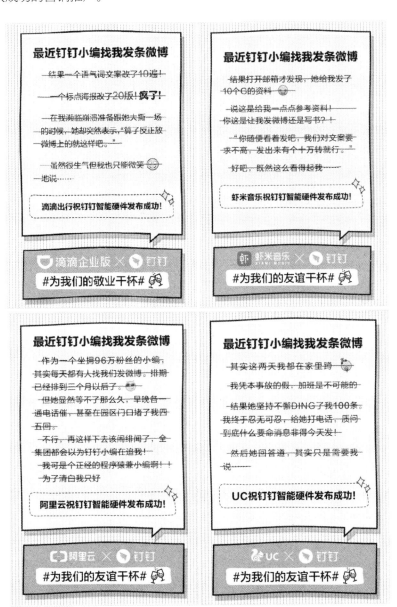

图6-2　众多品牌加入钉钉的微博话题

"戏精"一词由来已久，最早就是形容演员的演技很好；2017年衍生出贬义的网络释义用法，用来形容某个人戏多，很会给自己加戏，有喜欢博人眼球的意思。所以在微博上，"戏精"一词的用法有褒有贬，褒义是单纯地赞美对方很会演的意思；贬义是"爱作秀"。

钉钉的这次发布会就很好地利用了这种戏精的本意，先将软文的内容以故事形式叙述出来，再用不影响阅读的红线将全部内容划掉，最后说出"祝钉钉智能办公硬件发布成功"的主题。这篇软文表面上的重点在最后一句话中，实则是利用这种吸引人的方式徐徐道来，既用另类的宣传手段吸引了读者，又用故事逐渐引入主题，最终得出意想不到的结果，让读者兴趣盎然，大呼过瘾；他们甚至自发参与其中，编写相同格式的软文文案，免费帮钉钉转发，使其获得了可观的流量。

在钉钉的这次微博软文文案的营销推广中，涉及了其他多个品牌的联合推广，如图6-2所示的滴滴出行、虾米音乐、阿里云、UC等官方微博，大家都参与到了这次文案的编写中，在帮助钉钉的同时，也为自己的品牌做了一次免费的营销推广。

【案例2】杜蕾斯：亲爱的××，感谢你

2017年11月23日，在西方感恩节当天，杜蕾斯的官方微博（@杜蕾斯官方微博）发布了一系列"亲爱的，感谢你"的文案图片，感恩各个品牌，如图6-3所示。

随后，被杜蕾斯官方微博提及的多个品牌的官方微博也分别做出了回应，制作了相同风格、相同文案模式的图片，发布在自己的官方微博上，并@了杜蕾斯，如图6-4所示。这一系列幽默风趣又贴近商品品牌实际价值的文案内容，迅速在微博上受到了关注，一些没有被杜蕾斯官方微博提及的其他品牌也加入其中，彼此感恩。

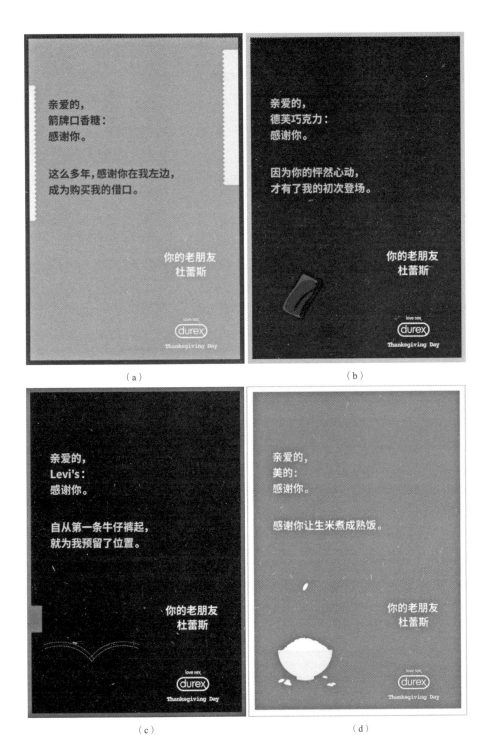

图6-3　杜蕾斯在感恩节发布的文案图片

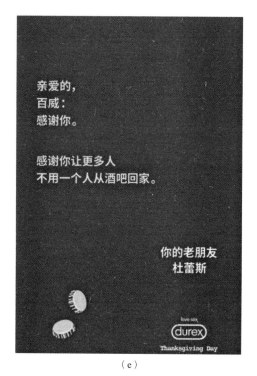

（e）

图6-3 杜蕾斯在感恩节发布的文案图片（续）

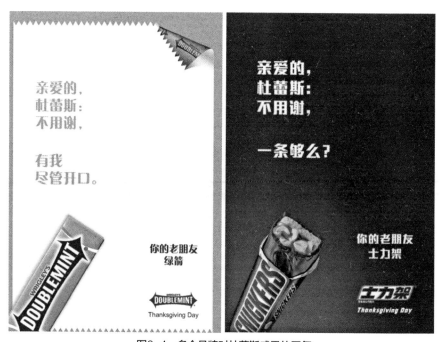

图6-4 多个品牌对杜蕾斯感恩的回复

**案例
分析**

在上面的图片文案中，杜蕾斯 @ 了多个品牌的官方微博，利用感恩节这一热点话题对众多品牌表达感恩之情。在感恩节这一节日做营销推广，本身也是一种节日借势；能被杜蕾斯这种微博大 V 关联，对其他品牌来说也是一个很好的推广渠道：自带热度的话题，有什么理由拒绝呢？

**知识
提示**

上面两个文案案例有一个共同的特点，就是品牌与品牌的联合营销。联合营销在微博中已经不是什么新鲜事了，由于微博的开放性，即使没有互相关注的两个微博账号也可以利用"@ 账号"的形式互相呼叫，这种模式促进了一种新的营销模式产生：联合营销。

联合营销是一种双赢的营销手段，当某一品牌的官方微博发布消息时，其他品牌的官方微博可同时对这个消息做出响应，参与到相同的话题中，获得关注这一话题的读者关注。值得注意的是，联合营销一般只存在于不同领域，因为它们没有利益冲突，在这种前提下互相做推广对大家都有好处。如果有利益冲突，谁还会帮自己的竞争者做推广呢？

杜蕾斯的文案在很多文案工作者的心目中有很高的地位，它的话题足够多，文案也足够精彩。杜蕾斯感恩节的文案一出，多个关注文案的微信公众号立马推出了关于感恩节杜蕾斯文案品牌推广的公众号文案，对杜蕾斯和其他几个品牌联合推广的事件进行了分析，如图 6-5 所示。

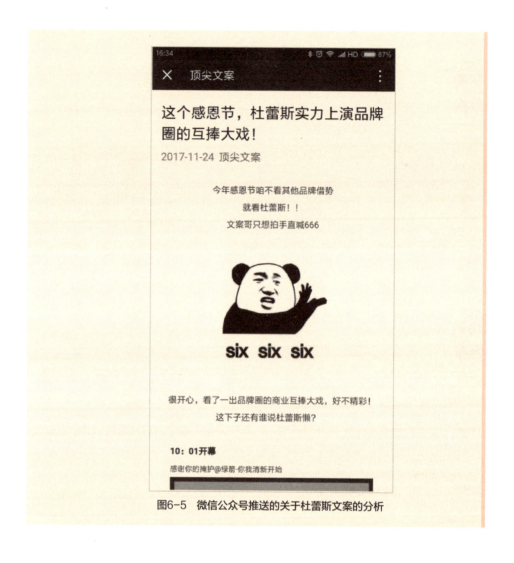

图6-5　微信公众号推送的关于杜蕾斯文案的分析

【案例3】腾讯公益：我的心中，住了一个"小朋友"

　　"小朋友"画廊 H5 是腾讯公益、深圳市爱佑未来慈善基金会和 WABC 无障碍艺途公益机构联合出品的线上线下互动公益项目，是 2017 年 99 公益日的预热互动之一。这是以"我的心中住了一个'小朋友'"为主题，为多位自闭症患者开展的一次活动。在"小朋友"画廊中有多名自闭症患者的画，用户可以一元购画，如图 6-6 所示。

图6-6　腾讯公益"一元购画"活动

自闭症又叫儿童孤独症，主要表现为不同程度的语言发育障碍、人际交往障碍、兴趣狭窄和行为方式刻板。约有 3/4 的患者伴有明显的智力发育迟滞，部分患儿在一般性智力落后的情况下，在某方面具有较好的能力。自闭症在近几年成为大家比较关注的一种疾病，一些自闭症患者虽然有语言障碍和智力障碍，但在某一特定方面的表现却很优异。腾讯公益发起的这个活动，就是针对自闭症患者在美术方面的能力，用出售自闭症患者绘制的图画的形式来筹集善款。

"'小朋友'画廊"活动主题为"我的心中住了一个'小朋友'"。可以看出，这次活动始终贯穿了一个名词：小朋友。用"小朋友"来形容自闭症患者再恰当不过，他们就像小朋友一样，虽然心智发育不够成熟，但纯真可爱，对美好世界依然期盼。活动用这种方式来消除大家对自闭症的误解，并且从另一个角度来引导大家正确看待自闭症这种疾病。

活动一经推出，瞬间在朋友圈里疯传，大家花一元钱就能在腾讯公益平台上购买多位"小朋友"画的图画，购买后可以将图片存储下来，用于手机桌面或其他地方；也可以将其购买的链接共享发送至朋友圈或其他平台中，传递活动信息和爱心。

【案例 4】淘票票：脱单电影院

2017 年 8 月 26 日，淘票票的官方微博（@ 淘票票）发布一条微博：淘票票请你七夕免费看一场没有情侣秀恩爱、没有熊孩子瞎捣乱、身边人的照片都能看到、想坐谁旁边坐谁旁边的电影……

在这条微博中，淘票票添加了微博话题"# 七夕脱单电影院 #"，并明确规定仅限单身小伙伴参与，如图 6-7 所示，这是淘票票 App 发布的七夕活动"脱单电影院"的微博。

2017 年 8 月 28 日是七夕节，淘票票在全国多城联合多家电影院发起了"脱单电影院"活动。官方微博在七夕节前两天为活动助力，免费请单身男女看电影，开启拯救单身人士大作战。用户可以通过淘票票看到部分选座消费者的头像，抢选自己心仪的位置；除了免费看电影之外，还有机会认识参与活动的单身帅哥美女，如图 6-8 所示。

淘票票 V

8月26日 20:57 来自 小米手机4

淘票票请你七夕免费看一场没有情侣秀恩爱，没有熊孩子瞎捣乱，身边人的照片都能看到，想坐谁旁边坐谁旁边的电影，淘票票#七夕脱单电影院#现在开始抢票啦！仅限单身的小伙伴，非单勿戳：🔗网页链接 转发本微博，七夕当天抽10个小伙伴，每人发520元红包，剩下的看你们啦！🙈

☆ 收藏　　　📤 2957　　　💬 1462　　　👍 1988

图6-7　淘票票的助力微博

（a）　　　　　　　　　　（b）

图6-8　淘票票的脱单电影院

145

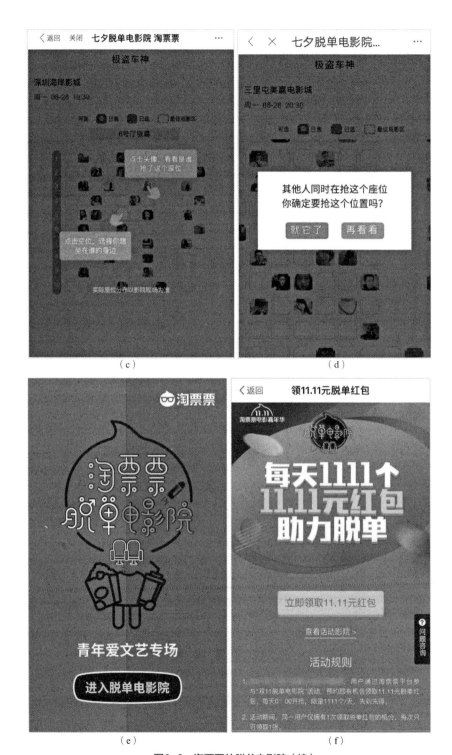

图6-8 淘票票的脱单电影院（续）

七夕节是商家的重点营销时间，但大多数的品牌在策划活动时都将重点放在了情侣身上，如情侣套餐、情侣表白折扣和情侣接吻活动等。对于单身人士来说，每年的这一天都要接受来自情侣和商家的"恶意"：吃饭要排队，看电影不能买单人座，逛街受歧视，就连坐地铁也要忍受一波秀恩爱暴击。

在近几年的情人节、七夕节等适合秀恩爱的节日中，单身人士翻身自嘲，各种段子满天飞。淘票票借助单身人士被标签化的现象推出了"脱单电影院"的活动，这种差异化方式和创意活动形式让淘票票脱颖而出，话题持续高热。

这次活动的主题是"脱单电影院"，主要人群是单身人士。在这个活动中，淘票票很好地抓住了目标人群以及他们的痛点：为什么七夕节单身人士不能出门、不能去看电影呢？参加活动的都是一群"爱玩"和"爱看电影"的人，淘票票通过一次活动筛选出同区域和相同兴趣的人，用一场电影的时间使单身人士面对面快速了解对方，还能直接看到社交结果，这绝对是一种低成本、高效率的陌生社交模式。

【案例 5】兰芳园：人民的困意

借 2017 年热播的《人民的名义》这部电视剧，主营奶茶的兰芳园的官方微博（@ 兰芳园）借势发布了一系列"人民的困意"的图文文案，如图 6-9 所示。该微博文案主要围绕"困意"展开，同时微博文案又切入"兰芳园"奶茶，看似不经意地将话题联系起来，如图 6-10 所示。

兰芳园的这个文案比较用心。首先，兰芳园的商品是奶茶，微博文案中也提及了"来杯 # 兰芳园 # 提提神"，从商品角度出发来设计文案。其次，可以看出"人民的困意"图文文案中的所有文案都是曾经在网络上流行过的，只是将原来流行文案中的关键词稍作替换，围绕"困意"展开，这里又将"困

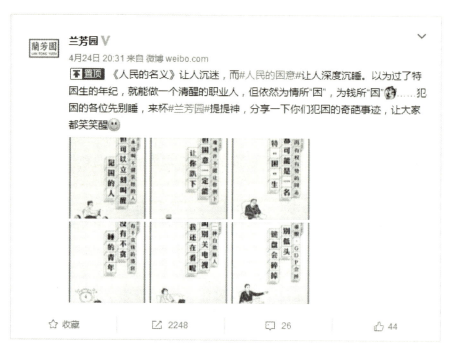

图6-9　兰芳园的微博

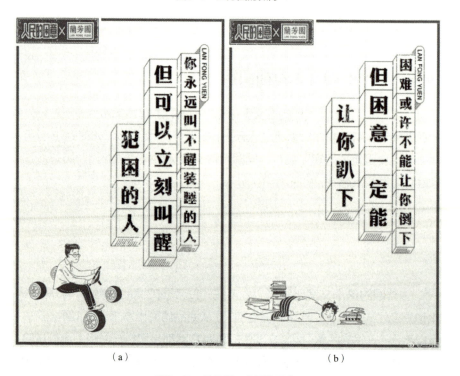

（a）　　　　　　　　　　　　（b）

图6-10　兰芳园：人民的困意

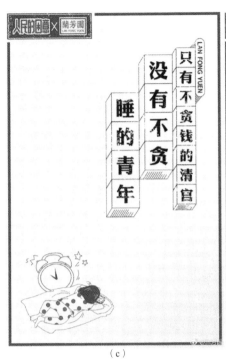

(c)

(d)

(e)

(f)

图6-10 兰芳园：人民的困意（续）

意"与"兰芳园商品"联系在了一起。

很多文案工作者认为，已经流行过的、曾经被广泛传播的文案不应该再拿来编辑、使用，因为它们已经过时了。其实不然，既然这些文案流行过、被广泛传播过，那么文案肯定有一定的过人之处，它们要么简单直白、朗朗上口，要么暗藏寓意、别有所指。这种文案经过一定的修改，不仅可以让人眼前一亮，还能取得意想不到的效果。图 6-10 所示的图文文案"你永远叫不醒装睡的人，但可以立刻叫醒犯困的人""别垂眼，GDP 会掉；别低头，键盘会碎掉"等，都是由曾经流行过的文案改编而来的，而且有些文案利用反转和对比等方式来编写，可以让读者多多思考。

【案例 6】支付宝：每一笔都是在乎

2017 年年底，支付宝 App 推出了一系列"总结"文案，分别从自己、梦想、爱情、亲情和友情五个角度出发，最终落到结论上：每一笔都是在乎。如图 6-11 所示。

1. 今年的账单上，90% 的付款记录是为了我。爱别人前，我想先学会爱自己。为悦己支付，每一笔都是在乎。

2. 坐过 55 小时的火车，睡过 68 元的沙发，我要一步步丈量这个世界。为梦想付出，每一笔都是在乎。

3. 我曾与很多姑娘说过情话，但让我习惯为她买早餐的人只有你。为真爱付出，每一笔都是在乎。

4. 千里之外每月为爸妈按下水电费的"支付"键，仿佛我从未走远。为牵挂付出，每一笔都是在乎。

5. 天南海北，只有你会为我转来救急的钱和一瓶装心事的酒。为友情支付，每一笔都是在乎。

案例分析

在手机支付越发便捷的当代生活中，支付宝作为手机支付中领先的移动支付平台，深受众多人的喜爱。大家在生活中购物消费都可以选择使用支付宝扫码支付，大到商场、小到街摊，上到老人、下到小孩，只要可以消费的地方，只要已经开通了网银并有支付宝账号的，几乎都可以使用支

（a）

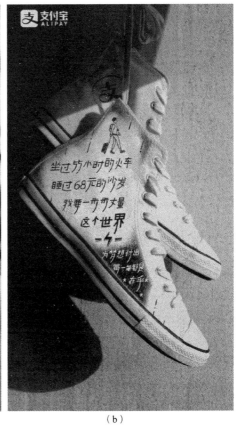

（b）

（c）

（d）

（e）

图6-11　支付宝：每一笔都是在乎

付宝扫码支付。移动支付已经深入到人民群众生活的方方面面，成为常态。

支付宝抓住全民移动支付这一特点，推出主题文案"每一笔都是在乎"，从各种情感角度描述利用支付宝支付的每一笔款项：为自己、为梦想、为父母、为情人、为朋友……不管是为了谁，都说明是在乎这些人这些事的，是值得的。

支付宝的这一文案属于比较典型的代入场景、利用情感来抓住读者心理的文案。文案使用了第一人称"我"，使读者阅读时的代入感增强，更容易产生共鸣。文案最后得出的结论又最终归结为多个角度的情感，那么不管读者是否全部拥有这些经历，至少也可以从其中一种或几种情感中得到共鸣，从而认可文案内容想要表达的意思。

【案例7】江小白：生活很简单

江小白的优秀文案有很多，查看江小白的官方微博（@江小白）可以发现，几乎隔一段时间它就会推出一个系列文案。图6-12所示的文案图片为具有重庆地方特色的江小白文案。

（a）　　　　　　　　　　　　　　（b）

图6-12　具有重庆地方特色的文案

　　江小白的走心文案和商品营销有效地结合在了一起。图6-13所示的文案，除了通过图片上的文案进行推广外，还将这些文案制作成了商品的简易"包装"，从友情出发，用想说的话、酒、朋友和兄弟等关键词来引导读者的情感，引起他们的共鸣。

（a）

（b）

图6-13　江小白的走心文案

（c）

图6-13　江小白的走心文案（续）

案例分析

　　江小白的文案在文案圈早有名气，其文案不仅非常接地气，而且朗朗上口、传播率高。图6-12中的文案就使用了对称形式，在其中加入具有重庆地方特色的文字和语言：抿盖碗茶、吞散伙酒，七上八下烫毛肚、四平八稳喝小酒；这种地方特色一是突出了江小白是重庆企业，二是用非常接地气又非常具有江湖气的语言来调节气氛。这种文案能迅速且强烈地引起一些人的共鸣，这是它的优点，也是缺点。优点在于重庆人、重庆周边城市的人产生的共鸣更强烈；缺点在于外省人可能看不懂，受众受到了限制。

　　图6-13所示的文案就和图6-12所示的不同，它既没有地域限制，也没有受众限制，又在文案中加入了许多关键词，这些关键词都和江小白的商品息息相关。江小白是酒，喝酒自然不能少了兄弟朋友，江小白就很好地用这些关键词来拓展文案，让读者在每一句话中都能想到兄弟朋友。

【案例 8】红星二锅头：没有酒，说不好故事

前段时间流行一种说法："我有故事，你有酒吗？"这种说法在网上迅速得到大家的响应，很多人对这句话都有共鸣。他们在外打拼不容易，但凡有委屈都是咽进肚子里自己消化，想要倾诉的欲望很少，能够倾诉的朋友更少。

红星二锅头的文案就从"北漂"这群典型的人着手，切入主题"没有酒，说不好故事"。如图 6-14 所示。

（a）

（b）

图6-14　红星二锅头"北漂"文案

（c）

（d）

（e）

图6-14　红星二锅头"北漂"文案（续）

　　"北漂"是一个现代名词，指那些从外地到北京打拼的人。每一个"北漂"都有自己的不容易，也有属于自己的故事：也许是为了家人不得不拼命赚钱；也许是为了梦想甘愿背井离乡、独自打拼……

　　阅读红星二锅头的文案，可以发现该文案的关键词很多：酒、故事、梦想、北京、长大、义无反顾……任何一个词拿出来都可以让人联想到很多场景，所以文案的代入感特别强。其中"酒"和"故事"又联系在一起，和在网络上流行过的"我有故事，你有酒吗"相呼应，最终落到酒上面，突出了红星二锅头这一商品。

　　和前面所介绍的江小白的文案一样，红星二锅头作为一家北京企业，从"北漂"一族的角度出发设计了这些文案。既然针对的是"北漂"，也就意味着文案已经把受众圈在了一个特定的范围内。但"北漂"的性质又有很大的不同，一是"北漂"人数众多；二是不仅是"北漂"，在上海、深圳等地漂泊奋斗的人、在一线城市打拼的人，都有可能对这个文案产生共鸣。